Besser reiten mit der
Alexander-Technik

Besser reiten mit der
Alexander-Technik

Von Walter Tschaikowski

© 2003 by Cadmos Verlag GmbH, Lüneburg
Gestaltung: Ravenstein + Partner, Verden
Titel- und Innenfotos: Marianne Lins
Druck: Westermann Druck, Zwickau
Alle Rechte vorbehalten.

Printed in Germany.

ISBN 3-86127-530-9

Inhalt

6

7

Widmung

Dieses Buch widme ich den Pferden, die eigentlich die Autoren sind. In ihrem Auftrag ist dieses Buch geschrieben.

Besonderer Dank geht an Sarah Mrozek, meine Partnerin, ohne deren Inspiration das Buch nicht entstanden wäre.

Vorwort

1

Das vorliegende Buch entstand aus der langjährigen Lehrtätigkeit an meiner Schule und aus den Erfahrungen, die ich auf unseren Seminaren und in der Arbeit mit meinen Schülern sammeln konnte. Es soll die Prinzipien der Alexander-Technik in ihrer Anwendung auf das Reiten verständlich machen.

Das Buch ist als Einführung in das Thema gedacht, kann Ihnen Anstöße geben und kann vor allem helfen, Erfahrungen, die Sie mit der Alexander-Technik gemacht haben, zu vertiefen. Dieses Buch ist keine „Do it yourself"-Anleitung. Wenn Sie tiefer in die Kunst der konstruktiven Selbststeuerung einsteigen wollen, werden Sie persönlichen Unterricht benötigen. Dabei sollten Sie auf eine anerkannte Qualifizierung Ihrer Ausbilder achten. Entsprechende Adressen finden Sie im Anhang.

Anmerkung: Im Text benutze ich immer die männliche Form: der Reiter – und nicht beide Formen: der Reiter/die Reiterin. Die Entscheidung hierfür fiel ausschließlich um der leichteren Lesbarkeit willen.

2

Alexander-Technik als Schlüssel zur
klassischen Reitkunst

Reiten und überhaupt der Umgang mit dem Pferd ist für viele Menschen faszinierend und es werden immer mehr, die sich vom Mythos Pferd angezogen fühlen.

In diesem Zusammenhang lassen sich neue interessante Entwicklungen feststellen und ehemals feste Grenzen beginnen sich aufzulösen:

So nimmt das Interesse an den Grundlagen der klassischen Dressur bei den Freizeitreitern zu und andererseits kann auch bei Turnierreitern ein wachsendes Interesse an unkonventionellen Ansätzen beobachtet werden.

Allen Reitern ist der Wunsch nach Harmonie mit dem Pferd gemeinsam, und genau dies ist schon seit Jahrhunderten Thema der klassischen Reitkunst. Aber wie jede Kunst ist auch die Reitkunst nicht leicht zugänglich, denn sie fordert vom Lernenden Bereitschaft zur persönlichen Entwicklung.

Die Gesetzmäßigkeiten einer Kunst sind vorgegeben, sie ergeben sich aus der Natur von Mensch und Tier und haben

biologische, anatomische, physikalische, geistige und seelische Aspekte.

Die Schwierigkeit liegt darin, zu lernen, sich gemäß diesen Gesetzmäßigkeiten zu verhalten.

Im Erlernen, Akzeptieren und Anwenden der Gesetzmäßigkeiten verwirklicht der Kunstausübende seine Freiheit.

Das Erlernen der Kunst des Reitens setzt fachliches Wissen und persönliche Reife voraus. Aber auch wenn diese beiden Voraussetzungen erfüllt sind, gibt es noch eine riesige Hürde: Die Kunst des Reitens erfordert gleichzeitig körperliche Stabilität, Flexibilität und Fühlfähigkeit. Körperliche Balance in diesem umfassenden Sinn ist für die meisten Reiter schwer zu erlernen und wurde bisher noch kaum geschult. Aber gerade in diesem Bereich besteht nicht nur in der Reiterei, sondern überhaupt in unserer Gesellschaft ein großes Defizit an notwendiger systematischer Schulung.

Nun gibt es seit etwa einem Jahrhundert eine Methode, die sich mit der Optimierung menschlicher Bewegungssteuerung befasst: die Alexander-Technik. Sie versteht sich als Kunst einer menschlichen Selbststeuerung gemäß den natürlichen biologischen und physikalischen Gesetzmäßigkeiten und kann so allen anderen Künsten als Grundlage dienen.

Mithilfe dieser Methode lassen sich komplexe Zusammenhänge in der Bewegungssteuerung von Reiter und Pferd erfassen und in überschaubare Lernschritte aufschlüsseln.

Nicht nur das Pferd soll sich zur Durchlässigkeit und zum Selbsttragen hin entwickeln, sondern der Reiter gemeinsam mit ihm, und dies in einer verständlichen und reproduzierbaren Systematik.

Das Buch bietet eine Einführung in diese Arbeit, kann aber qualifizierten persönlichen Unterricht nicht ersetzen.

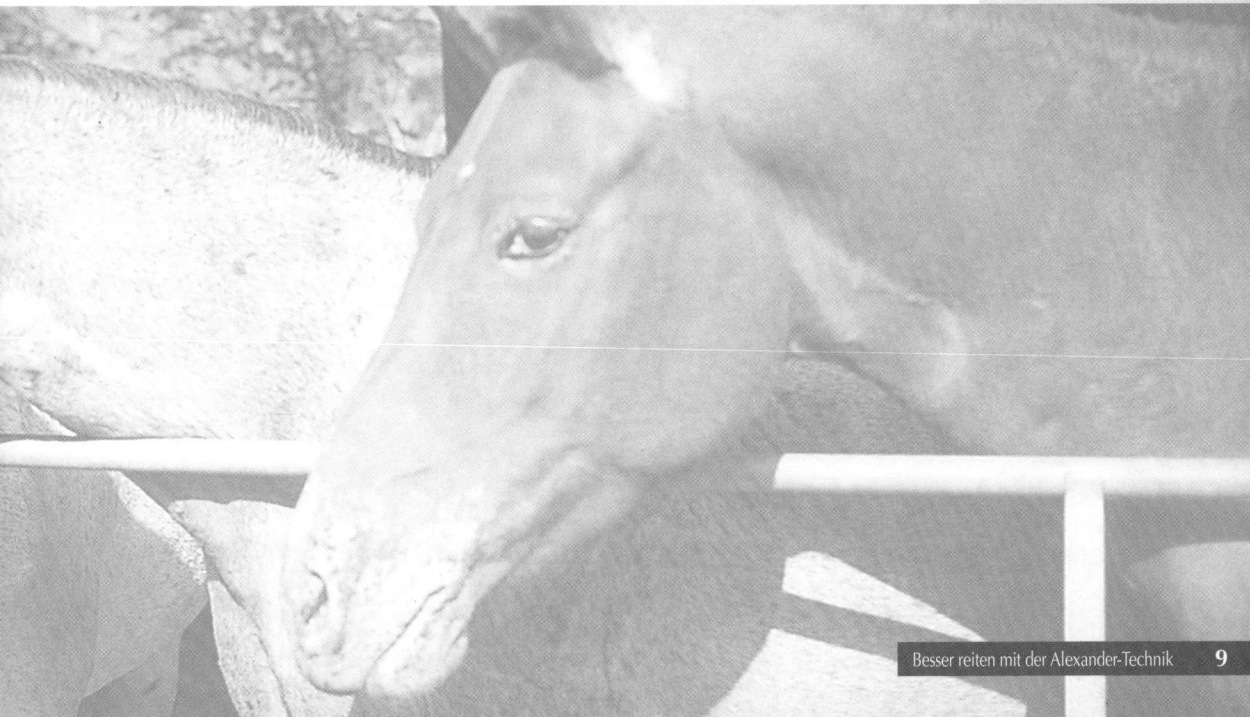

3 Was ist Alexander-Technik?

F. M. Alexander

F. M. Alexanders Entdeckung

Die Alexander-Technik erhielt ihren Namen von ihrem Begründer Frederic Matthias Alexander, der 1869 in Tasmanien geboren wurde und von 1904 bis 1955 in London lebte.

In seiner Jugend hatte Alexander viel Kontakt zu Pferden und soll sogar Pferde eingeritten haben. Es gibt in seinen Büchern aber keinen Hinweis auf einen direkten Bezug seiner Reiterfahrung zu seiner späteren Entdeckung – der nach ihm benannten Methode. Diese entstammt vielmehr aus dem Zusammenhang mit seiner schauspielerischen und rezitatorischen Tätigkeit.

Als junger Mann litt F. M. Alexander an starker Heiserkeit, die allerdings nur auf der Bühne auftrat. Da er keine medizinische Hilfe bekam und andererseits seinen Beruf nicht aufgeben wollte, nahm er sein Schicksal selbst in die Hand und beobachtete systematisch sein gewöhnliches Sprechen und sein Rezitieren im Spiegel. Seine Leitidee war: „Wenn ich herausfinde, was ich beim Rezitieren im Unterschied zum gewöhnlichen Sprechen mache und dies weglassen kann, so wird auch meine Heiserkeit verschwinden."

Zunächst fiel ihm nichts auf, doch er blieb bei seiner Überzeugung und beobachtete sich immer weiter aus verschiedenen Perspektiven, bis er schließlich eine Entdeckung über die Beziehung von Hals und Kopf machte: Im Unterschied zu seinem gewöhnlichen Sprechen veränderte er beim Rezitieren unwillkürlich die Form und damit die muskuläre Spannung von Hals und Kopf, indem er den Kopf in den Nacken zog. Als es Alexander nach einer Reihe von Versuchen endlich gelang, beim Rezitieren diese überflüssige Aktivität zu vermeiden, hatte er den Schlüssel zu seiner Methode entdeckt.

Durch lange Versuchsreihen in Selbstbeobachtung und Selbststeuerung wurde er seine Heiserkeit vollständig los und entwickelte gleichzeitig ein Schulungssystem, das er als *Constructive Conscious Control of the Individual* bezeichnete.

Die Kernaussage dieses Systems lässt sich auf die Kurzformel bringen: Der Gebrauch bestimmt die Funktion. Das heißt: Der Umgang mit mir selbst bestimmt die Qualität meines Seins.

Heute, ein halbes Jahrhundert nach Alexanders Wirken, geben weltweit über 3.000 qualifizierte Trainer die Prinzipien seiner Arbeit theoretisch und praktisch weiter. Entsprechende Adressen finden Sie im Anhang des Buches.

Die Prinzipien der Alexander-Technik

Die Macht der Gewohnheit

Grundsatz Nummer 1 der Alexander-Arbeit ist die Einsicht in ihre Notwendigkeit. Dieses Prinzip nennt man: Das Anerkennen der Macht der Gewohnheit. Erst wenn ich zu der Überzeugung gekommen bin, dass ich nicht jederzeit in der Lage bin, das zu tun, was ich will, sondern im Gegenteil oft zwanghaft von meinen Mustern gesteuert werde und dadurch im Erreichen meiner Ziele behindert bin, besteht die Veranlassung, den nächsten Schritt zu tun.

Gewohnheiten sind „Dauerentscheidungen", die bewusst oder unbewusst getroffen werden. Wenn ich es mir zur Gewohnheit gemacht habe, jeden Haufen Pferdeäpfel sofort nach dem Reiten zu entfernen, so wird mein Reitplatz immer sauber sein und diese Gewohnheit kann mein Leben erleichtern. Wenn mein Pferd andererseits jedes Mal beim Aufhalftern den Kopf hochreißt und ich mich immer wieder neu darüber ärgere, so handelt es sich hier um ein gemeinsames Verhaltensmuster von meinem Pferd und mir. Das Hochreißen des Kopfes betrifft dabei nicht nur einen rein körperlichen Vorgang, sondern ist mit psychischer Anspannung meines Pferdes verbunden. Auf der anderen Seite wird mein Ärger darüber sich in körperlicher Anspannung zeigen. Sowohl mein Pferd als auch ich werden in dieser Situation in der Sinneswahrnehmung wahrscheinlich eingeschränkt sein.

Inhibition

Schritt Nummer 2 besteht darin, den gewohnten Weg zu unterbrechen. Dieses Prinzip wird Innehalten genannt (*inhibition*).

Es entspringt einer Überzeugung, die sich zum Beispiel so formulieren lässt: Wenn ich in meinem Auto die Handbremse angezogen habe und deshalb nicht schnell wegkomme, macht es keinen Sinn, umso mehr Gas zu geben. Ich muss erst die Bremse lösen. Oder: Wenn ich mich gewohnheitsmäßig zusammenziehe, macht es keinen Sinn, mich als Ausgleich zu strecken. Ich muss aufhören, mich zusammenzuziehen.

Viele Reiter versuchen, ihr Pferd durch „Warmreiten" zu lösen. Sie erklären, dass ihr Pferd in den ersten 20 Minuten nicht in der Lage sei, gelöst zu gehen. Meine Erfahrung ist, dass sich ein Pferd schon vor dem ersten Schritt unter dem Reiter lösen kann, wenn wir ihm den Raum dazu geben.

Der seit vielen Jahren erfolgreiche Sänger Sting, der nicht nur Erfahrungen mit Pferden, sondern auch mit der Alexander-Technik besitzt, rät in einem seiner Lieder: „Stop before you start!" Dies meint den Moment des bewussten Innehaltens, um den Beginn einer Tätigkeit von gewohnheitsmäßig zu hoher Spannung zu befreien.

Fehlerhafte Sinneswahrnehmung

Habe ich die beiden vorangehenden Prinzipien verstanden, so bin ich reif für Schritt Nummer 3, und der besteht in der Erkenntnis, dass meine Eigenwahrnehmung nicht so präzise arbeitet, wie ich es gerne hätte.

So sitzen zum Beispiel 90 Prozent der Reiter hinter der Senkrechten, ohne dies zu merken. Werden sie durch einen Lehrer sanft ins Lot gebracht, so denken sie, dass sie nun vor der Senkrechten sitzen.

Auch ein Reiter, der gewohnheitsmäßig nach links gekippt sitzt, wird in der Mitte sitzend noch einige Zeit das Gefühl

Die Reiterin zeigt den heute in der Dressur geradezu typischen Sitz hinter der Senkrechten.

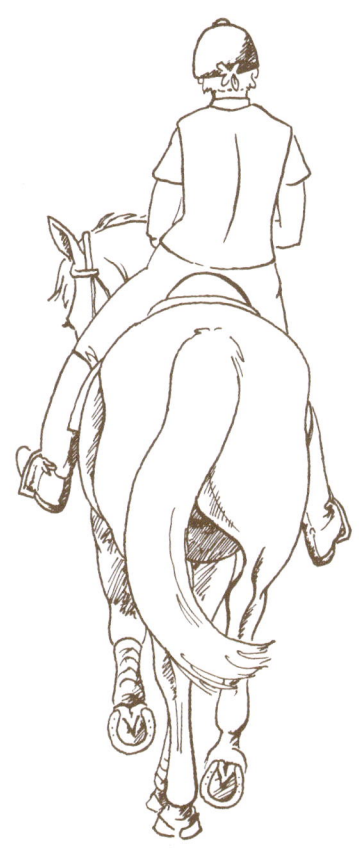

Sowohl Reiterin als auch Pferd sind zur Seite gekippt. Es ist unwesentlich, wer zuerst schief war, Reiter und Pferd bilden eine Einheit in Bezug auf die gemeinsame Statik.

haben, jetzt nach rechts gekippt zu sein.

Wir müssen erst unseren Blick schulen, um zu sehen, ob ein Reiter im Lot sitzt oder nicht.

Dieses Prinzip der fehlerhaften Sinneswahrnehmung erklärt sich daraus, dass wir alles in Relation zueinander erleben und dass wir die Tendenz haben, alle Abweichungen vom Gewohnten als falsch zu bewerten.

Mein erster Alexander-Technik-Lehrer zeigte mir, dass eines meiner Beine kürzer war. Ich hatte es nicht bemerkt. Erst viel später entdeckte ich durch das Reiten, dass ich grundsätzlich die Sitzhöcker ungleichmäßig belastete. Dies hatte ich auch nicht bemerkt. Aber bald darauf bemerkte ich, dass das Problem mit dem kürzeren Bein verschwunden war.

Denken in Richtungen

Aus der Erkenntnis der fehlerhaften Sinneswahrnehmung ergibt sich die Frage nach dem nächsten Schritt, um zu einer objektiveren Selbststeuerung zu gelangen. Dieser Schritt Nummer 4 ist das Denken in Richtungen (*directions*).

Der Reiter, der seine fehlerhafte Wahrnehmung bemerkt hat, kann nun mithilfe von gedachten Richtungen nach oben, nach unten und nach vorne und mithilfe von unterstützenden Gedanken eine neue und objektivere Aufrichtung erlangen.

Beispiele für solche unterstützenden, ausrichtenden Gedanken sind: „Ich lasse meinen Hals frei sein, ich lasse meinen Kopf nach oben gehen, ich lasse meinen Rücken lang und weit werden, ich lasse meine Knie nach vorne gehen, ich lasse meine Fersen nach unten gehen." Man beachte, dass alle diese richtunggebenden Gedanken mit loslassen zu tun haben und das bedeutet im Vergleich mit dem beliebten Reitlehrerkommando „Hacken runter!" einen wesentlichen Unterschied. Die in Befehlsform vorgetragenen Anweisungen traditioneller Reitlehrer suggerieren bei Schülern die Idee, Reitkunst könne durch verstärkte Anstrengung erlernt werden. Das Gegenteil ist richtig: Verständnis und Gefühl für das Pferd werden durch gewohnheitsmäßigen inneren und äußeren Stress beeinträchtigt.

Die ausrichtenden Gedanken und noch allgemeiner das Denken in Richtungen bilden eine Brücke zwischen dem Loslassen der Fehlsteuerung (übermäßiges Anspannen, Zusammenziehen) und dem Verwirklichen der ursprünglichen Freiheit, wie wir sie als Kind erlebten. Ihre konkrete Wirkung ist inneres und äußeres Wachsen (*growing*).

Die primäre Steuerung

Das fünfte Prinzip – die Quintessenz der Alexander-Technik – entsteht durch das Zusammenspiel der anderen vier Prinzipien. F. M. Alexander gab diesem umfassenden Prinzip den Namen: Die primäre Steuerung.

Dieses Prinzip ist wirklich faszinierend; ich kann es in der Reitkunst nur mit einer perfekt ausgeführten halben oder ganzen Parade vergleichen: Diese kann nicht erzwungen werden, sondern läuft wie eine Welle durch Reiter und Pferd. Von außen ist sie in der Hilfengebung unsichtbar und erfreut doch das Auge des Betrachters durch ihre Ausstrahlung und Lebendigkeit.

Junge, noch ungerittene Pferde zeigen in ihren Bewegungen die Unmittelbarkeit der primären Steuerung. Ebenso wird sie von zweijährigen Kindern in Perfektion ausgeführt und verleiht ihnen ihren Magnetismus. Sie ist ein fließender Bewegungsablauf aus einer zentralen Kräfteachse, ungebrochen und unbehindert durch äußere Einflüsse.

Die Qualität der primären Steuerung verschlechtert sich im Laufe des Erziehungs- und Sozialisationsprozesses. Beim Erwachsenen funktioniert diese natürliche Selbststeuerung nur noch eingeschränkt. Jedoch kann ihre ursprüngliche Qualität wieder freigelegt werden. Nach F. M. Alexander ist dies nur durch einen Bewusstseinsprozess möglich, durch *Constructive Conscious Control*.

Wie diese sinnvolle bewusste Selbststeuerung in Bezug auf den Umgang mit dem Pferd angewandt werden kann, davon handeln die nächsten Kapitel.

Alexander-Technik im
Umgang mit dem Pferd

4

Begegnung mit dem Pferd

Das Pferd ist dein Spiegel. Es schmeichelt dir nie.

Es spiegelt dein Temperament. Es spiegelt auch seine Schwankungen.

Ärgere dich nie über dein Pferd, du könntest dich ebenso wohl über deinen Spiegel ärgern.

Rudolf G. Binding

Die Art, wie wir unserem Pferd begegnen, spiegelt unser Leben. Die Art, wie wir reiten, ist nicht getrennt von unserem übrigen Leben. Auf dem Pferd zeigt der Reiter sein Wesen durch die Reaktionen seines Pferdes.

Zum Beispiel hatte eine Reiterin mit ihren beiden Pferden nahezu identische Probleme. Nachdem sich eine erfahrene Ausbilderin auf diese Pferde setzte, lösten sich die Probleme in kürzester Zeit auf, unter der Besitzerin waren sie sofort wieder sichtbar.

Die Gesamtspannung eines Reiters – das Körperbild –, scheinbar unüberwindliche reiterliche Probleme oder ein stets wiederkehrender Clinch mit dem Pferd zeigen deutlich die Macht der Gewohnheit.

Das Körperbild, das heißt die persönliche Körperstruktur, hat sich im Laufe von vielen Jahren aufgebaut und bestimmt nun die Qualität meiner Aktivitäten. Ebenso zeigt mein Pferd ein bestimmtes Körperbild und spiegelt so seine früheren Erfahrungen und seine momentanen Erwartungen. Die Vorerfahrungen können dazu führen, dass sowohl Pferd als auch Reiter der jeweiligen Aktivität nicht mehr ihre volle Zuwendung geben können. Dadurch entstehen scheinbar unüberwindliche reiterliche Probleme, die nicht zu lösen sind, solange sie unbewusst bleiben.

Ich erinnere mich an eine Reiterin, die in früherem Unterricht gelernt hatte, dass sie sich nicht in die Bügel stellen darf, weil sie sonst die Hüftgelenke blockiert. Um dies zu vermeiden, hat sie sich angewöhnt, die Beine ganz locker"zu lassen – so locker, dass sie instabil hin und her baumeln. Trotz heftiger Bemühung findet die Reiterin keine Lösung für ihr Problem, da der Zugang zur ursprünglichen flexiblen Stabilität von anderen Erfahrungen überlagert ist.

Eine andere Reiterin hat in jahrelangem Unterricht gelernt, dass das Pferd grundsätzlich fleißiger gehen muss, als es dies von sich aus anbietet. Also hat sie ein ständiges automatisches Treiben mit den Unterschenkeln entwickelt, durch das sie sowohl sich selbst als auch das Pferd gewaltig stört. Sie bringt dabei beide aus der Balance und verhindert einen klaren fließenden Kontakt. Darüber hinaus stumpft das Pferd gegenüber den Schenkelhilfen immer mehr ab. Das Pferd – grundsätzlich gutmütig – hat die ständige Störung satt und reagiert immer häufiger mit Verweigerung oder unkontrollierten Befreiungssprüngen. Die Besitzerin ist ratlos: „Früher war er so lieb." Sie ist unheimlich bemüht, aber leider haben Probleme, die durch unwillentliche Verhaltensmuster entstehen, die Tendenz, durch verstärktes Bemühen nur noch schlimmer zu werden.

„Stop before you start!"
Sting

Bevor ich mich meinem Pferd zuwende, ist es sinnvoll zu überprüfen, in welcher Verfassung ich selbst bin. Will ich vermeiden, dass sich meine persönlichen Probleme in der Begegnung mit meinem Pferd auswirken, so sollte ich mich fragen:

• Wie atme ich?
• Ist mein Zwerchfell festgehalten und meine Atmung flach?
• Bin ich in meinem Willen und in meiner Wahrnehmung fixiert?
• Bin ich gedanklich präsent oder noch ganz woanders?

> Das Körperbild hat sich im Laufe von vielen Jahren aufgebaut und bestimmt nun die Qualität meiner Aktivitäten.

> Vorerfahrungen können dazu führen, dass sowohl Pferd als auch Reiter der jeweiligen Aktivität nicht mehr ihre volle Zuwendung geben können.

Das Prinzip der Freiwilligkeit

Wenn ein Reiter sich daran macht, mit seinem Pferd zu arbeiten, so bedeutet das nicht automatisch, dass er bereit und in der Lage ist, sich seinem Pferd voll zuzuwenden.

Es kann viele Motive geben, um mit der Arbeit anzufangen, die aber nicht unbedingt gute Gründe sind. Ehrgeiz oder übertrieben starkes Pflichtbewusstsein sind für die Arbeit mit dem Pferd nicht die besten Ratgeber. Darüber hinaus ist das Pferd nicht jeden Tag in gleicher Weise bereit zur Arbeit. Hier gilt es, Zielfixiertheit in Bezug auf die Arbeit zu lösen, um einen größeren und sinnvolleren Rahmen für die Begegnung mit dem Pferd zu gewinnen.

Indem ich mein Vorhaben (zum Beispiel mein Pferd zu longieren) vorläufig zurückstelle – das Prinzip des Innehaltens –, gebe ich mir die Möglichkeit, eine neue Ausrichtung in Bezug auf mein Vorhaben und mein Pferd zu entwickeln. Diese muss derart gestaltet sein, dass ich durch sie ins Lot, das heißt in meine eigene Kräfteachse zurückkomme und somit vom Pferd unabhängig werde.

Das bedeutet, dass ich die eingespielten automatischen Verhaltens- und Reaktionsweisen in Bezug auf mein Pferd unterbreche und dadurch Raum für neue Möglichkeiten schaffe. Indem ich mein Pferd sozusagen in die Freiheit entlasse, gebe ich mir selbst meine Freiheit und Beweglichkeit zurück.

Und diese Freiheit werde ich nur dann behalten, wenn alles, was ich von nun an mit dem Pferd veranstalte, auf dem Prinzip der Freiwilligkeit beruht.

„Pferde wollen gefallen", sagt Kurd Albrecht v. Ziegner, der ein hervorragendes Buch über die korrekte Ausbildung von Pferden geschrieben hat (siehe Anhang).

Meine Erfahrung ist, dass Pferde Spaß an der Bewegung haben. Sie haben Freude daran, eine Aufgabe gemeinsam mit dem Reiter zu lösen, und zeigen Interesse an Spiel und neuen Erfahrungen. Pferde sind bereit, zu lernen und sich anzustrengen, aber sie brauchen geeignete Bedingungen.

Wenn ich mir Zeit nehme, mit ihnen ruhig zu kommunizieren, wenn ich in meiner natürlichen Kräfteachse bleibe und das Prinzip der Freiwilligkeit beachte, eröffnet mir die Begegnung mit den Pferden eine neue Welt.

Ein eindrückliches Beispiel, wie unterschiedlich Pferde auf unterschiedliches Reiterverhalten reagieren, gibt Clemens Laar in seinem Roman *Meines Vaters Pferde*:

*B*ayard war ein siebenjähriger Wallach, völlig abzeichenlos und farbeinheitlich dunkelbraun ... Ein grobknochiger Riese, schlechter Futterverwerter und daher immer leicht klapprig wirkend und dazu ein Ausbund aller charakterlichen Pferdeuntugenden. Er

war bösartig und jederzeit angreiferisch gesinnt und stand mit seiner gesamten Umwelt auf dem Kriegsfuß ...

Hinzu kam, dass es eine reine Qual war, ihn zu reiten. Bayard kroch entweder hinter den Zügel oder aber biss sich fest und ging dann Wege, die niemals jene des Reiters waren. Vorn imitierte er eine kurzstampfende Nähmaschine, mit der Hinterhand wühlte er schleppend wie ein Raddampfer im Staub. Seinen Rücken benutzte er ausschließlich zur Erzielung unwahrscheinlicher Wölbungen. Mit einem kurzen ruckartigen Anspannen dieses Rückens, nach einer vorhergegangenen plötzlichen Hergabe, entwurzelte er jeden normalen Reiter. In ernsteren Fällen benutzte er eine zur Blüte entwickelte Technik, mit einigen plötzlichen Stolperschritten, Einknicken vorne und gleichzeitigem Seitwärtstreten den Sattel zu räumen.

Der Reiter, der nicht schnellstens beiseite rollte, konnte sicher sein, noch einen schnellen verächtlichen Tritt versetzt zu bekommen, bevor dieses durch und durch liebenswerte Geschöpf sich im Schleudergalopp und mit hoher Nase entfernte ...

Ich hatte Bayard nur einmal geritten. Innerhalb einer Reitstunde in ungefähr fünf oder sieben Raten.

„Det is er", erklärte Pauschke noch einmal, wie um jeden Zweifel auszuschließen.

„Sie ... Sie wollen wohl einen Witz machen, Wachtmeister Pauschke."...

Als er aufstieg, schnappte Bayard nach seinem Schenkel und erwischte auch die Stiefelspitze. Ich erwartete, dass Pauschke ihn mit den Sporen strafen würde, aber Pauschke brabbelte nur, während er sich gemächlich zurechtrückte: „Juten Appetit, oller Zausel, nachher schick ick dir 'n Pantoffel."

Dann ritt er im Schritt an. Bayard versuchte seinen alten Sport, aber ich sah, dass er

es eigentlich nur der Form halber tat. Pausch-
ke nahm nicht die geringste Notiz davon. In
einer Ecke nahm er dann auf einmal die Zügel
auf und – mir gingen die Augen über.

Das war nicht Bayard, wie wir ihn alle
kannten. Das war ein ganz anderes Pferd.
Eine freie selbsttragende Haltung, gelockertes
Spiel aller Glieder, Schwung und eine kraft-
voll nachdrückliche Aktion. Ja, nach einigen
Seitengängen und mehreren Galoppvolten, bei
denen der Alte das Pferd wie am Zwirnsfa-
den hielt, zeigte Bayard sogar unverkennba-
res Feuer. Während einer Trabaktion – und
dem Wallach flogen dabei die Beine förmlich
aus der Schulter – schrie Pauschke plötzlich:
„Bahn du jour! Stange! "

Der Bahndienst legte die Sprungstange in
die gewohnte niedrige Höhe, aber Pauschke,
der auf dem inneren Hufschlag vorbeiritt, ließ
um das Doppelte erhöhen.

Aus der Ecke heraus galoppierte Pauschke
an. Bayard tat, als sähe er überhaupt kein
Hindernis vor sich.

Kurz vor dem Sprung parierte Pauschke
hart durch. Bayard stand wie eingerammt.
Den Bruchteil einer Sekunde später gab
Pauschke mit beiden Fäusten Luft. Bayard
hob sich und sprang folgsam und sacht wie
ein hüpfender Gummiball fast aus dem Stand
über das Hindernis.

Unmittelbar hinter dem Sprung nahm der
Alte ihn auf und galoppierte erneut an. Uner-
regt wie vordem und behaglich abkauend ging
der Wallach im alten Tempo. Kerzengerade
wie ein Bleisoldat, mit seinen allzu langen
Bügeln fast im Spreizsitz, ritt Pauschke ihn
durch die Länge der Bahn auf mich zu.

Er stieg wortlos ab; Bayard schien gleich-
zeitig in sich zusammenzufallen.

„So", knurrte der Alte und strich sich den
Bart hoch. „Nun zeigen Se mir mal noch een
Pferd, det so wat macht."

„Wenn ich das nicht mit eigenen Augen
gesehen hätte …"

Pauschke war an den Wallach herange-
treten und beutelte ihn derb und herzlich unter
den Ganaschen. Bayard kniff genussvoll die
Augen zu.

So wie Bayard im Roman sind schwie-
rige Pferde nicht grundsätzlich kompli-
ziert oder bösartig. Sie zeigen uns in der
Regel nur, dass wir sie noch nicht verstanden haben. Zum Beispiel hatten wir
vor Jahren leihweise ein unwilliges Pony,
das alle Kinder zwickte und schwierig
zu führen war. Mein damals fünfjähriger
Sohn Jonathan liebte diesen kleinen Rap-
pen. Von ihm ließ sich das Pony willig
führen, war sanft und umgänglich.

Das Pferd als Lehrmeister

Sarahs Hündin war plötzlich gestorben.
Da sie eine tiefe emotionale Verbindung
zu diesem Tier hatte, war Sarah sehr trau-
rig. Auf dem Paddock scharten sich
sofort mehrere Pferde um sie, die ruhig
stehen blieben. Keines der Pferde knab-
berte oder drängte. Sie waren einfach da.

Die Anwendung der Prinzipien der
Alexander-Technik auf den Umgang mit
Pferden verbessert unseren Zugang zu
ihnen. Gleichzeitig zeigt sich, dass wir
von den Pferden lernen können. In ech-
tem Kontakt mit ihnen wird sich unser
Bewusstsein erweitern, denn Pferde leben in einer anderen Welt als wir. Im
Vergleich zu uns sind sie präsenter, das
heißt mehr auf die Gegenwart bezogen,
mitfühlender und energetischer. Pferde
haben eine feine Wahrnehmung. Sie rea-

gieren auf Emotionen wie Freude, Ärger oder Trauer und spüren auch Stimmungen, die dem Reiter noch gar nicht bewusst sind.

Pferde kommunizieren über Energien, schlafen wenig und beherrschen offensichtlich die Kunst, in gemeinsame Trancezustände zu wechseln. Wir sagen „sie dösen" und beschäftigen uns nicht weiter damit.

Uns ist dabei nicht klar, dass Menschen normalerweise gar nicht die Fähigkeit besitzen, eine halbe Stunde lang völlig bewegungslos stillzustehen und sich dabei noch wohl zu fühlen.

Würden wir uns ab und zu mit Freunden für eine Weile völlig ruhig in die Natur stellen, so bekämen wir vielleicht eine Ahnung von dem, was Pferde erleben.

Folgende Geschichte zeigt mir die andere Dimension, in der Pferde wahrnehmen können.

Ambassador

Ambassador kam zu uns, als er elf Jahre alt war. Als er zum ersten Mal auf die Weide zu den anderen Pferden gelassen wurde, nahm er sofort seine Chance war und trennte zwei Stuten von der Herde ab. Von der ersten Stunde an hatte er sei-

Sarah auf Ambassador im Trab

ne eigene Herde gebildet, die er zäh gegen den Herdenchef verteidigte. Fast drei Monate lang war er als Reitpferd für uns nicht zu gebrauchen, da er durch die Rangordnungskämpfe ständig verletzt war. Allerdings wich nun sogar der Herdenchef Callum, ein souveräner Highlander, vor ihm zurück. Im Offenstall hatten sich nun zwei Herden gebildet: Ambassador beanspruchte mit sieben Pferden den größeren Bereich, Callum hatte sich mit einer Herde von fünf Pferden in den kleineren Teil zurückgezogen. Die Kämpfe der Rivalen hatten aufgehört. Auf Ausritten gingen die beiden ruhig nebeneinander, nur im Galopp mussten wir aufpassen, dass sie sich nicht gegenseitig aufheizten.

Ein Jahr später bekam Callum eine Kolik und musste operiert werden. Tage nach der Operation war sein Darm noch nicht wieder in Gang gekommen. Es sah schlecht um ihn aus.

Wir holten Ambassador für eine Nacht in die Tierklinik. Die beiden begrüßten sich, dann stellte sich Ambassador Kopf an Kruppe dicht an Callums Seite. Fast eine Stunde standen die beiden völlig unbeweglich da, dann wendete sich Ambassador seinem Futter zu. Callum war in dieser Nacht sehr ruhig. Ambassador verließ am nächsten Morgen die Klinik, ohne sich noch einmal umzusehen. In der übernächsten Nacht starb Callum.

Es ist faszinierend, Pferde auf der Weide zu beobachten. Ihr Bewegungsfluss ist anders als unserer. Sie bewegen sich langsam in großer psychischer und physischer Präsenz. Kommt mehr Bewegung in einzelne Tiere oder die ganze Herde, so entstehen die schnellen Bewegungen nahtlos und harmonisch aus den langsamen.

Menschliche Antriebe sind stark vom Intellekt gesteuert: „Ich will mein Pferd longieren, Schritt, Trab, Galopp, erst linke, dann rechte Hand."

Das Problem für das Pferd ist, dass wir es aus seiner Muße herausziehen. Wir selbst wissen kaum noch, was Muße ist, denn für uns zählt Leistung.

Aber ebenso wie Kinder lassen sich Pferde nicht gerne in ihrem Rhythmus stören. Um sie zu motivieren, habe ich zwei Möglichkeiten: Meine Kreativität oder die Peitsche. Letztere wird die Pferde sicherlich vorantreiben, aber sie möglicherweise aus ihrem Gleichgewicht bringen. (Pferde mit verspanntem Zwerchfell infolge von Stress sind keine Seltenheit.)

Die Entscheidung für Kreativität schließt einen strukturierten Arbeitsplan nicht aus. Ein anvisiertes Ziel gibt meiner Arbeit eine klare Richtung. Aber wie und wann ich das Ziel erreiche, sollte ich offen lassen.

Die Vorgehensweise ergibt sich aus dem Kontakt mit meinem Pferd. Wenn ich noch nicht weiß, wie ich mein Ziel erreichen werde, so gebe ich ungeahnten Möglichkeiten Raum. Anstelle des Zuckerbrot und Peitsche-Prinzips entscheide ich mich für einen kreativen Prozess, in dem sich die Kommunikation zwischen Mensch und Pferd immer weiter entwickelt und eine verlässliche Partnerschaft entsteht.

Die Gesetzmäßigkeit der Vorgehensweise ist durch die Natur des Pferdes vorgegeben und in der klassischen Reitkunst längst bekannt:

Losgelassenheit – Geraderichten – Versammlung.

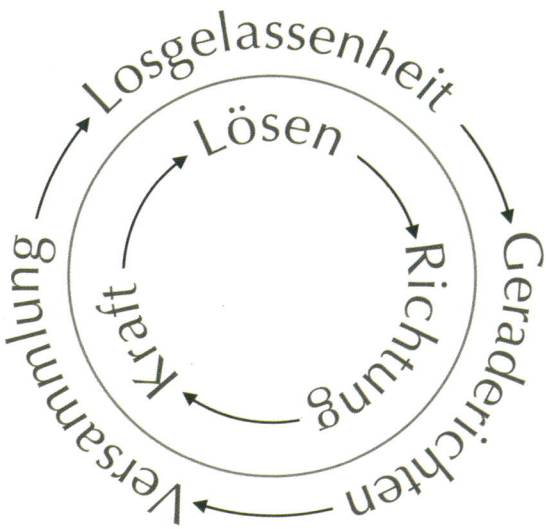

Losgelassenheit
Lösen
Geraderichten
Richtung
Kraft
Versammlung
Kraft

Aus dem Lösen entsteht Richtung, entsteht Kraft.

Unser Ziel ist ein gelöstes, gerade gerichtetes und kraftvolles Reitpferd.

Dieses erfüllt die Voraussetzung, einen Reiter lange Jahre tragen zu können, ohne dabei gesundheitlichen Schaden zu nehmen.

*Gelöstes, kraftvolles Pferd –
Sarahs Hannoveranerstute
Garnet*

Der Weg der Kreativität bedeutet die Bereitschaft, den ausgetretenen Pfad zu verlassen und sich neuen Möglichkeiten zu öffnen.

Auftretende Schwierigkeiten im Umgang mit dem Pferd sollten nicht als Ärgernis betrachtet werden, das es schnell zu beseitigen gilt.

Sie geben wichtige Hinweise auf die wirkliche Beziehung von Reiter und Pferd und zeigen gleichzeitig Entwicklungsmöglichkeiten auf. Wenn wir dem Pferd helfen, aus seinen Schwierigkeiten, aus seinem Unwohlsein herauszukommen, befreien wir uns selbst von unsichtbaren Fesseln.

Bei alldem sollten wir nicht vergessen, dass Pferde in der Natur alle Dressurlektionen in vollkommener Leichtigkeit ausführen können. Sie lernen diese also nicht von uns, sondern wir lernen, uns ihnen verständlich zu machen. Die angemessene Art, wie dies sinnvollerweise zu geschehen hat – in Geduld, gegenseitigem Respekt und Klarheit – bekommen wir von ihnen gezeigt.

Alexander-Technik und **Reiten**

5

In diesem Teil geht es nun um die An-
wendung der Prinzipien der Alexander-
Technik auf das Reiten in konkreten
Schritten vom Aufsitzen als wichtigem
Beginn von reiterlicher Qualität bis zum
Schulterherein als Türe zu den höheren
Lektionen.

Das Aufsitzen

Um unser Pferd zu entlasten, sollten wir
möglichst immer von einem kleinen
Podest aus aufsitzen. Untersuchungen
haben ergeben, dass bei vielen Reitpfer-
den die Dornfortsätze der Brustwirbel
nach links gekippt sind. Wenn ein Reiter vom Boden aufsteigt, so wirkt ein
starker Zug auf die Pferdewirbelsäule.
Die noch immer gelehrte Drehbewegung
beim Aufsitzen soll den Reiterrücken
stabilisieren, ist aber für das Pferd besonders belastend. Darüber hinaus ver-
zieht sich mit der Zeit der Sattel durch
den starken Zug beim Aufsitzen.

   Das Beachten folgender Punkte erleich-
tert das Aufsitzen für Pferd und Reiter:

1. Wechseln Sie beim Aufsitzen immer
   wieder die Seiten. Steigen Sie mal von
   links und mal von rechts auf. Dies schult
   Ihre Beweglichkeit und Balance und
   entlastet die linke Seite Ihres Pferdes.

*Johannes bei der Vorbereitung
zum Aufsitzen*

Von einem Hocker aus ist es leichter, den Schwerpunkt über das Pferd zu bringen.

Verbinden Sie die gedachte Richtung entlang der Lenden- und Brustwirbelsäule mit der Richtung bis über den Kopf, indem sie Ihrem Nacken erlauben, sich zu längen.

4. Versuchen Sie, Ihren Schwerpunkt so schnell wie möglich über das Pferd zu bringen. Das beliebte Knieaufstützen entlastet nur den Reiterrücken.

5. Lassen Sie während der Aufsitzbewegung Ihren Atem frei fließen.

6. Lassen Sie Ihren Blick während des Aufsitzens nicht nach innen verschwinden. Schauen Sie bewusst nach außen, ohne den Blick zu fixieren. Dieser Punkt ist für viele Reiter besonders schwer zu verwirklichen. Um einen weichen Blick zu erreichen, können Sie die Kopf- und Nackenlinie Ihres Pferdes in Beziehung zum Hintergrund betrachten. Oder anders ausgedrückt: Nehmen Sie optisch war, wie während der Aufsteigbewegung die Konturen Ihres Pferdes und der Hintergrund (Halle, Wiese, Büsche) sich gegeneinander verschieben.

All diese Punkte gelten sowohl für das Aufsteigen vom Boden aus wie auch von einer Erhöhung.

Von einem Podest aus ist das Aufsitzen für die Gesundheit des Pferdes weit weniger kritisch als vom Boden, jedoch entscheidet die *Qualität* des Aufsitzens, ob die Reitstunde mit einem Energieschub oder einem Missklang beginnt.

Die Gefahr, sich beim Aufsteigen zusammenzuziehen, ist für den Reiter sehr groß. Um genügend Kraft aufzubringen, spannt er seinen ganzen Körper stark an und schnellt sich katapultartig hoch.

Ein feiner Kontakt zwischen Reiter und Pferd ist auf diese Weise nicht mög-

2. Die Blickrichtung des Reiters sollte nicht zur Kruppe, sondern zum Pferdekopf gewendet sein.

3. Denken Sie vor und während des Aufsitzens eine Richtung entlang ihrer Wirbelsäule nach oben bis über den Kopf. Achten Sie besonders darauf, beim Belasten des Steigbügels Ihren Kopf nicht in den Nacken zu ziehen.

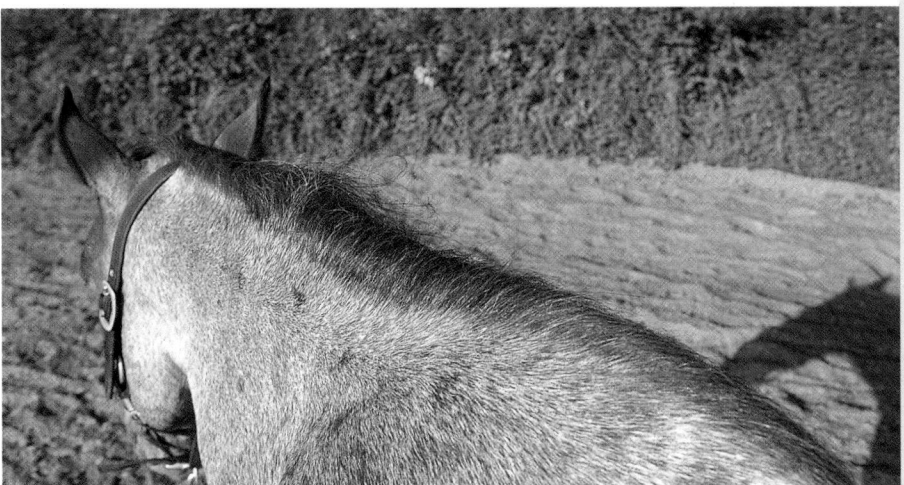

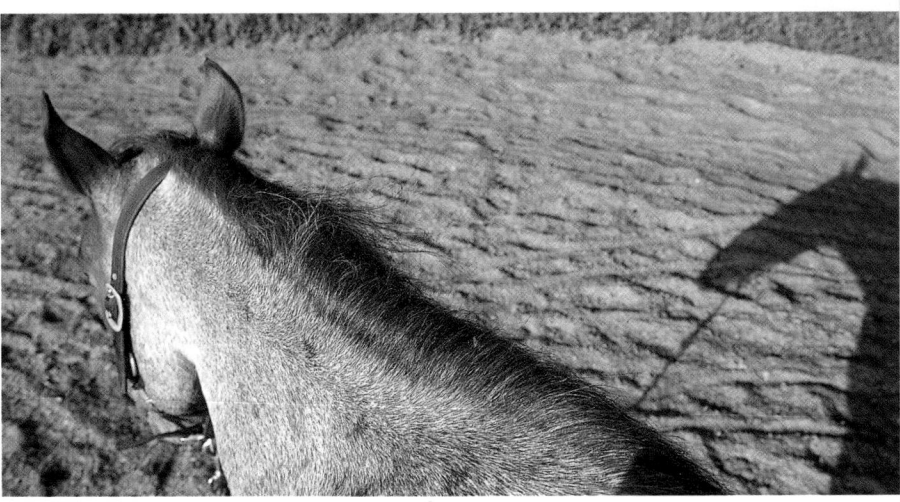

lich. Der nach innen gewendete Blick
und der gepresste Atem sind Ausdruck
einer unbewussten zielfixierten Selbststeuerung.

Entwickeln Sie Ihr Gefühl für Balance, indem Sie unter Beachtung der genannten Punkte von einer Erhöhung aus
aufsteigen. Auf diese Weise wird Ihre

Kraft wachsen, sodass Sie später – wenn erforderlich – auch vom Boden aus aufsitzen können, ohne Ihr Pferd mehr als unbedingt nötig zu belasten.

Vorläufig gilt es vielerorts als unsportlich, von einem Podest aus aufzusitzen. Durch so ein Sportverständnis wird das Pferd allerdings zum Sportgerät.

> Um unser Pferd zu entlasten, sollten wir möglichst immer von einer Erhöhung aus aufsitzen.

Der Sitz des Reiters

Über den Reitersitz ist schon viel geschrieben worden. Dennoch haben die meisten Reiter Sitzprobleme. Die häufigsten Fehler sind:

a) Der Schultergürtel befindet sich hinter der Senkrechten.
b) Becken, Oberkörper und Kopf befinden sich nicht im Lot.
c) Die Sitzhöcker des Beckens sind nicht gleichmäßig belastet. Der Oberkörper kippt zu einer Seite.
d) Die Sitzhaltung ist zu steif. Dieses Problem ist im Trab oft mit einem repetierenden Nicken des Kopfes verbunden.

Das Sitzproblem beginnt damit, dass uns unsere Sinneswahrnehmung täuscht (Prinzip Nummer 3: fehlerhafte Sinneswahrnehmung). Leider wird die fehlerhafte Sinneswahrnehmung durch falsche Sitzschulung oft noch verstärkt.

Die meisten Reiter wissen gar nicht, wie sie sitzen. Zwar gibt es in fast jeder Reithalle Spiegel, jedoch muss der Blick erst geschult werden, um diese effektiv nutzen zu können. Wir sehen nur, was wir erwarten, das heißt, erst wenn das denkende Bewusstsein die Wahrnehmung auf einen Problembereich lenkt, kann das Problem erkannt werden.

Die fehlerhafte Sinneswahrnehmung zeigt sich nicht nur in der körperlichen Eigenwahrnehmung, sondern auch in der Außenwahrnehmung, wie folgende Geschichte deutlich illustriert.

Ein Ehepaar – beide Reitanfänger – hatte sich ein Pferd gekauft. Voller Begeisterung nahmen sie in ihrem Reitstall Unterricht. Ich fragte sie, wie sie Longieren gelernt hätten. Im Speziellen interessierte mich, in welcher Form das Pferd ausgebunden würde. „Befindet sich die Stirn-Nasen-Linie des Pferdes in, vor oder hinter der Senkrechten?" wollte ich wissen.

Die beiden überlegten. „Vor", kam schließlich die Antwort, „auf jeden Fall vor der Senkrechten." Ein paar Tage später hatte ich Gelegenheit, bei ihrem Longierunterricht zuzusehen. Der Kopf ihres armen Pferdes war deutlich hinter die Senkrechte gezogen!

Die nächste Schwierigkeit besteht darin, dass der Sitz auch nach einer sinnvollen Korrektur sehr bald wieder – wie automatisch – in die gewohnte Spannung zurückgezogen wird (Prinzip Nummer 1: Macht der Gewohnheit).

Das gewohnte Zusammenspiel von Sinnen und Muskeln ist stärker als der neue Impuls, auch wenn dieser eine Verbesserung darstellt. Das Ausüben der Aktivität (zum Beispiel Traben) ist mit

Ein Alexander-Technik-Lehrer kann Ihnen helfen,
Ihr Sitzbewusstsein zu entwickeln.

Nicole zeigt ein schönes
Beispiel für ausbalanciertes
Sitzen.

der gewohnten Körperspannung verbunden und die neue Spannung ist mit der Aktivität noch nicht ausreichend verknüpft. Daraus erklärt sich die Notwendigkeit, Aktivitäten neu zu erlernen, nachdem die Ausrichtung (Prinzip Nummer 4: Denken in Richtungen) verbessert wurde. Es scheint mir erwähnenswert, dass auch Pferde nach einer erfolgten Korrektur immer wieder in alte Verhaltensmuster zurückfallen.

Für die Verbesserung des Reitersitzes ergibt sich folgende Vorgehensweise:
• Den gewohnheitsmäßigen Sitz unterbrechen (Innehalten).
• Die Wahrnehmung im Spiegel kontrollieren (fehlerhafte Sinneswahrnehmung).
• Eine neue Ausrichtung denken (Denken in Richtungen).
• Dem Organismus die Zeit und den Raum geben, auf die neue gedankliche Ausrichtung durch „Wachsen" zu reagieren (Aktivieren der primären Steuerung).

Der Begriff Wachsen meint eine innere (und äußere) Aufrichtung, die durch einen Lösungsprozess, nicht durch aktives Strecken geschieht. Diese feine innere Bewegung wird zum Träger der äußeren Aktivität, des Reitens.

Unterbrechen Sie Ihre gewohnte Sitzweise, indem Sie sich Ihre beiden Sitzhöcker bewusst machen. Dies ist auch auf einem ebenen Stuhl möglich und empfehlenswert.

Nur bei gleichmäßiger Belastung der Sitzhöcker des Beckens ist eine ausgewogene Balance möglich. Diese zu

Die Pfeile zeigen die doppelte Richtung von den Sitzhöckern bis über den Kopf.

finden ist oft ein längerer Prozess, für den wir die Hilfe eines Spiegels benötigen.

Widerstehen Sie dem Impuls, das, was Sie sehen, sofort zu korrigieren! Hierdurch wäre keine echte Lösung möglich. Benutzen Sie stattdessen bewusste Denkschritte, um eine Alternative für die gewohnte (Fehl-) Spannung bereitzustellen.

Denken Sie folgende Richtungen:

1. Denken Sie eine doppelte Richtung von den Sitzhöckern nach oben durch den Torso bis über den Kopf hinaus. *(Bild 1)*
2. Verbinden Sie diese Richtung mit einer weiteren, die von den Sitzhöckern nach vorne bis über die Knie zeigt.
3. Denken Sie diese beiden Richtungen auseinander. *(Bild 2)*

Auf dem Pferd zeigt die Richtung der Oberschenkel nach vorne und unten.

Verbinden Sie die Doppelrichtung durch die Füße mit der Richtung bis über den Kopf.

4. Denken Sie eine Richtung von den Sitzhöckern und von den Hüftgelenken aus nach unten bis durch die Ballen (Steigbügel) und durch die Fersen. Verbinden Sie diese Doppelrichtung mit der Richtung nach oben bis über den Kopf. *(Bild 3)*

4

5. Lösen Sie das Hals-Kopf-Gelenk, indem Sie den Blick nach unten sinken lassen und mit dem Kopf folgen. *(Bild 4)*

6. Stellen Sie eine gedachte Verbindung der Blickrichtung her mit den Richtungen über die Knie und die Füße hinaus und heben Sie langsam den Blick und mit ihm den Kopf.

Wenn es Ihnen gelang, diese neue Ausrichtung zu denken und dem Organismus Raum zu geben, durch inneres und äußeres Wachsen auf die neue gedankliche Ausrichtung zu reagieren, so ist nun eine feine Balance von Sitzhöckern, Kopf, Blick, Knien und Füßen entstanden: Die primäre Steuerung ist aktiviert. Sie können anreiten.

> „Wachsen" meint eine Aufrichtung, die durch einen Lösungsprozess, nicht durch aktives Strecken geschieht.

Johannes lässt seinen Blick nach unten sinken und unterstützt dadurch das Lösen des Nackens in die Länge.

Die Einwirkungen

Der Reiter wirkt über seinen Sitz – das heißt über sein Becken und über seine Schenkel – und über die Zügel direkt auf das Pferd ein. Jede dieser Einwirkungen, die auch als Gewichts-, Schenkel- und Zügelhilfen bekannt sind, unterstützt entweder den Kontakt zum Pferd oder stört ihn. Deshalb soll jede der drei Einwirkungen im Folgenden genauer betrachtet werden. Aus dem Zusammenwirken der drei Einwirkungen ergibt sich die so genannte halbe Parade, deren Beschreibung sich an diesen Abschnitt anschließt.

Das Becken

Das Herz der drei Einwirkungen des Reiters auf das Pferd ist die so genannte Gewichtshilfe, die auch Beckenhilfe heißen könnte, da die Aktivität des Reiterbeckens den entscheidenden Schlüssel zu dieser Einwirkung darstellt.

Voraussetzung für eine klare Beckeneinwirkung ist der oben beschriebene ausbalancierte Sitz mit seiner gleichmäßigen Belastung der beiden Sitzhöcker und einem klaren Aufbau des gesamten Körpers auf dem Becken. Auf der Grundlage dieser Balance kann der Reiter die aktive Spannung seines unteren Rückens in Verbindung mit dem Becken variieren. Diese Bewegung ist unter dem Namen Kreuzanstellen bekannt. Sie zeigt dem geschulten Pferd den gewünschten Grad der Versammlung und ist gleichzeitig der wichtigste Bestandteil einer halben Parade.

Die beste praktische Anleitung zum Erlernen dieser zentralen Hilfe befindet sich meines Erachtens in dem schon er-wähnten Buch von Kurd Albrecht von Ziegner. Hier wird die Bewegung des Kreuzanstellens, also die Beckenbewegung des Reiters, mit dem Kippen eines Fasses verglichen. Der Lernende setzt sich auf ein Fass, eine entsprechende Kiste oder einen höheren Hocker und macht sich daran, diese Sitzgelegenheit leicht nach vorne zu kippen, wobei er darauf achtet, dass die Kraft dieser Kippbewegung in Richtung Boden weitergeleitet wird. (Die Füße stehen fest auf dem Boden!)

> Das Kippen des Fasses – richtig ausgeführt – verändert die Spannung des ganzen Körpers.

Wenn diese Bewegung – das Kippen des Fasses – richtig ausgeführt wird, so verändert der Reiter durch sie die Spannung seines ganzen Körpers. Einerseits werden die Oberschenkel und Knie leicht nach vorne geschoben und die Füße erhalten einen Bewegungsimpuls nach unten. Andererseits richtet der Oberkörper des Reiters sich auf: Man spricht von „wachsen" oder „größer werden".

Diese gleichzeitige Bewegung in zwei Richtungen wird möglich durch die innen liegende Stützmuskulatur des Rumpfes (Psoasmuskelkomplex), welche die Wirbelsäule, das Becken und die Oberschenkel miteinander verbindet.

Diese Bewegung darf nicht mit einem aktiven Strecken des Rumpfes verwechselt werden – ins Hohlkreuz gehen –, denn gerade dadurch geht die präzise Einwirkung des Beckens nach unten ver-

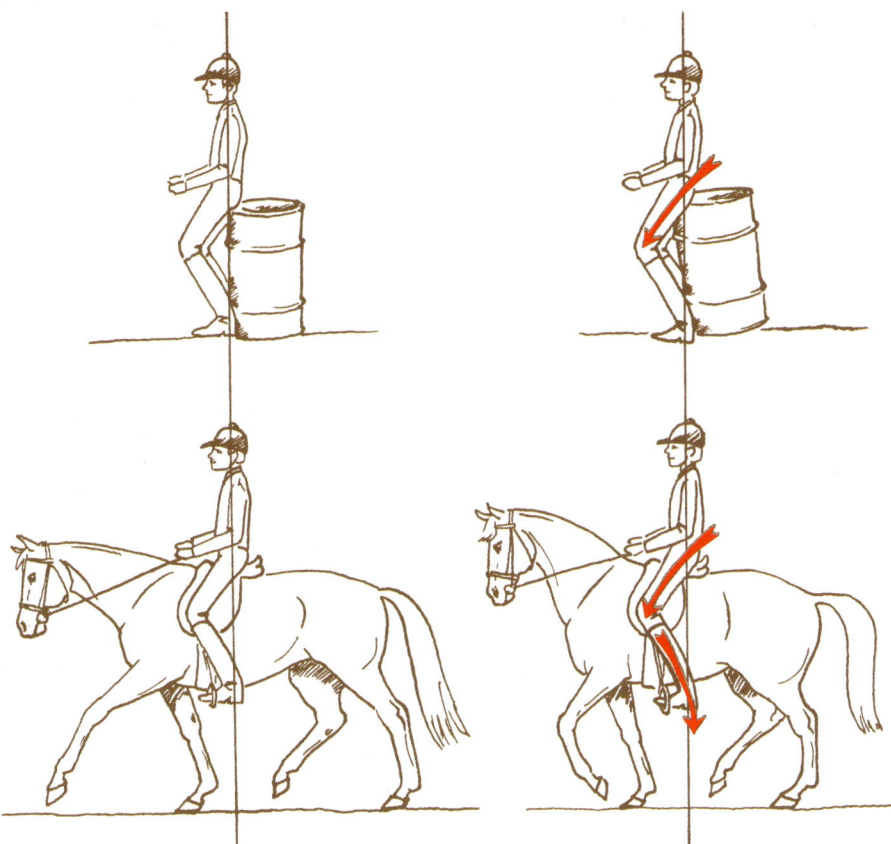

loren und der Impuls des Wachsens setzt sich nicht in die Beine fort.

Ebenso verfehlt ein deutliches Abkippen des Beckens nach vorne (um das Fass deutlich zu kippen) seine Wirkung. Es geht nur um die Kraft und Spannung, die man bräuchte, um das Fass zu kippen. Deutlich gekippt wird nicht, stattdessen wird die Kraft der Kippbereitschaft nach oben und unten weitergeleitet.

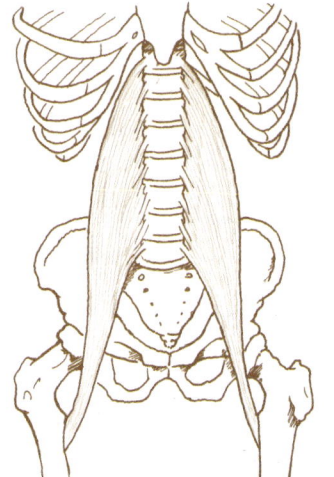

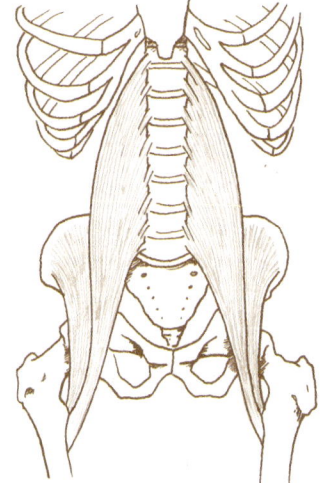

a

b

a: Psoas Major. Die zentrale Bedeutung dieses Muskels für die Aufrichtung des Rumpfes ist noch wenig bekannt.

b: Iliopsoas. Der Iliacus ist die Verbindung des Psoas zum Becken. Die zusammenwirkenden Muskeln werden als Iliopsoas bezeichnet.

Die Schenkel

Die wichtigste Funktion der Schenkel ist, die Spannung der inneren Rumpfmuskulatur und des Beckens nach unten weiterzuleiten.

Durch dieses Weiterleiten wird die Kraft im Beckenboden verstärkt. Dies erhöht die Einwirkung und den sozusagen magnetischen Kontakt zum Pferd und stabilisiert gleichzeitig das Becken in seiner Funktion als Basis für den gesamten Körperaufbau. Das Zwerchfell, die Lungen, ja selbst die Aufrichtung des Kopfes wird positiv beeinflusst durch eine klare Verbindung des Beckens mit den Beinen.

Darüber hinaus sollen sich Ober- und Unterschenkel dem Pferdeleib anschmiegen, sodass durch die Bewegung des Pferdes ein natürliches Treiben entsteht.

Das Pferd treibt sich mithin selbst durch den Kontakt mit den Reiterbeinen.

Möchte der Reiter das Pferd aktiv treiben, so müssen seine Unterschenkel eine Bewegung ausführen, die dem natürlichen Vorgang entspricht: Dies ist eine feine Drehbewegung der Unterschenkel nach innen und vorne.

Es ist wichtig, durch das Treiben keine zur Gesamtbalance gegensätzliche Aktivität ins Spiel zu bringen. Die Gefahr ist groß, beim Treiben das ganze Bein nach oben zu ziehen. Hierdurch gehen Aufrichtung und Balance verloren.

Der entscheidende Faktor ist dabei der Anschluss der Beine an die aktive Rumpfmuskulatur. Es ist wichtig, die Oberschenkel und die Knie jederzeit als Teil der aufrichtenden Spannung zu verstehen.

Durch die gedachten Richtungen der Beine nach vorne und unten wird die Kraft im Beckenboden verstärkt.

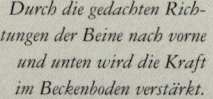

Die Beckeneinwirkung setzt sich durch die langen Beine nach unten fort. Ambassador hört aufmerksam auf seine Reiterin.

Es ist durchaus möglich, mit hoch anliegenden Unterschenkeln zu reiten. Dies kann vor allem beim Reiten ohne Sattel in schnelleren Gangarten sinnvoll sein. Es erfordert jedoch eine hohe Aktivität der inneren Rumpfmuskulatur, die gleichzei-

Der Autor, mit hochanliegenden Unterschenkeln, auf Kassandra. Die Oberschenkel verlängern sich vom Becken weg nach vorne.

Johannes zeigt eine schöne Aufrichtung.

Die Knie gehen nach vorne, als ob sie gezogen würden.

tig bewirkt, dass sich die Oberschenkel vom Torso weg nach vorne ausrichten. Auf dieser Basis können sich die Unterschenkel harmonisch an das Pferd schmiegen.

Die aktive Verbindung von Rumpf und Beinen ist schwer zu erlernen. Vor allem in schnelleren Gangarten zeigt sich das Defizit einer lebendigen Gesamtspannung. Dies ist zum Beispiel der Fall, wenn die Reiterbeine beim Traben ihren sicheren Halt in den Steigbügeln verlieren.

Für die meisten Reiter wäre es notwendig und hilfreich, die Oberschenkel-Rumpf-Verbindung aktiv zu schulen. Bewährt hat sich hierfür die so genannte Monkeyposition („Affenstellung").

F. M. Alexander nannte diese Haltung eine Position des mechanischen Vorteils.

„Monkeyposition"

Um die Monkeyposition auszuführen, gehen Sie folgendermaßen vor:

Stellen Sie sich aufrecht hin und denken Sie eine Richtung bis über den Kopf.

Beugen Sie die Knie, so als ob diese an einer Schnur nach vorne gezogen würden.

Stellen Sie sich selbst als Marionette vor, die jetzt wieder ein kleines Stück nach oben gezogen wird, um dann sofort in eine Sitzhaltung in der Luft einge-

schwenkt zu werden (*up and over!*). Wenn Sie Ihre Knie als sehr gespannt erleben, so versuchen Sie Ihr Becken mehr zu lösen: Nehmen Sie Platz auf einem imaginären Pferd. Sie sitzen jetzt im Entlastungssitz.

Bleiben Sie anfangs nur kurz in dieser Position und steigern Sie behutsam! Da sich die tragende Spannung nur langsam wieder aufbaut (in unserer frühen Kindheit war sie uns vertraut, aber seitdem hatten wir viele Anlässe, uns von ihr zu trennen), besteht die Gefahr, die Knie zu überlasten.

Durch den Erwerb einer guten Rumpfspannung wird der Rücken länger und der Bauch flacher. (Die inneren Organe haben mehr Platz.) Es geht jedoch nicht darum, die äußere Bauchmuskulatur anzuspannen oder den Bauch einzuziehen. Solches beeinträchtigt sowohl die Flexibilität als auch die Spürfähigkeit des Reiters.

Die Zügel

*N*ur wenn wir mit der eigenen „zügellosen" Natur ein Ganzes werden, können wir uns mit der Natur im Äußeren versöhnen und mit ihr wieder ein heilsames Ganzes bilden. Dann aber nicht mehr als seiner selbst in der Natur unbewusstes, sondern als hoch entwickeltes Wesen mit allen geistigen Fähigkeiten, die den wahren Homo sapiens auszeichnen, den weisen Menschen.
Wilfried Bach in *Das Tao des Reitens*

Durch einen ausbalancierten Sitz helfen Sie Ihrem Pferd, weil Sie ihm so wenig Belastung wie möglich zumuten. Außerdem ermöglichen Sie ihm, sich

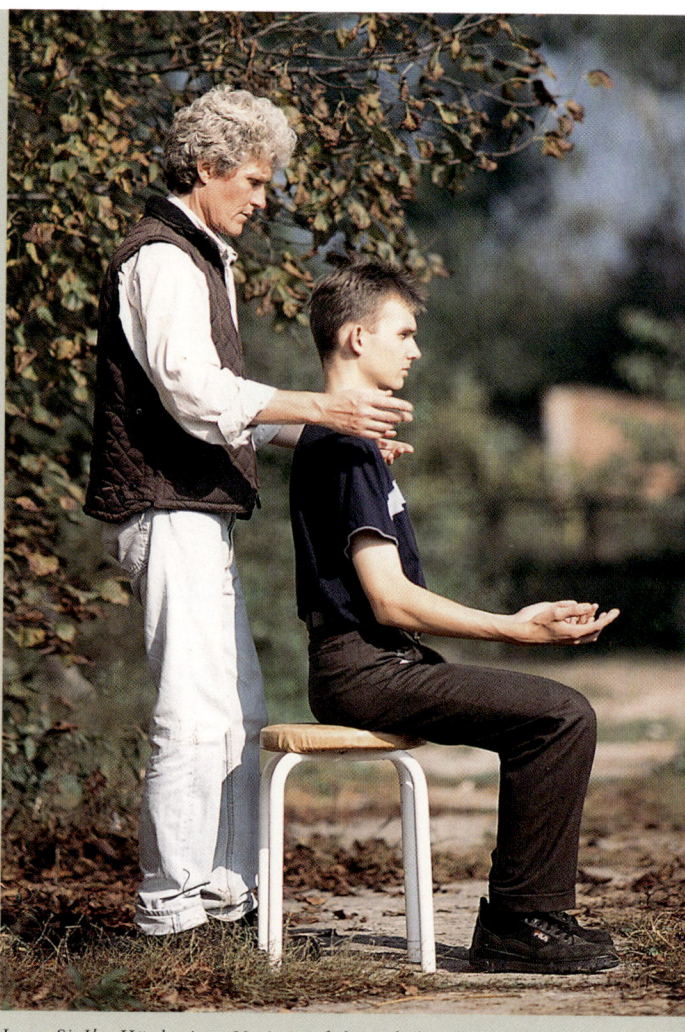

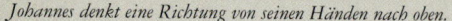

Johannes denkt eine Richtung von seinen Händen nach oben.

Lassen Sie Ihre Hände wie an Marionettenfäden nach oben gleiten.

präzise auf Ihr Gewicht auszurichten. In diesem Sinn erhält der Ausdruck „Gewichtshilfe" eine umfassende Bedeutung.

Dieses Bewusstsein für den Aufbau des Reiterkörpers auf dem Pferd gilt es zu verbinden mit der flexiblen Aktivität der Beine in ihrem sich ständig neu anpassenden Kontakt zum Pferd.

Die lebendige und ausbalancierte Verbindung vom Kopf bis zu den Füßen (die primäre Steuerung) ist die Voraussetzung, die Zügel aufnehmen zu dürfen.

Bevor Sie die Zügel aufnehmen, empfehle ich Ihnen, die Arme auf folgende Weise zu schulen: Stellen Sie sich vor, Ihre Hände hingen an Marionettenfäden.

Heben Sie nun die Arme langsam hoch, als ob sie von den Fäden nach oben gezogen würden. Dabei sehen Sie die Hände durch Ihr Blickfeld gleiten.

Diese Vorstellung hilft Ihnen, das gewohnte Bewegungsmuster zu verlassen.

Beobachten Sie sich dabei im Spiegel und achten Sie darauf, dass die

Armbewegung Ihre Balance nicht beeinträchtigt.

Haben Sie gelernt, Ihre Arme zu bewegen und dabei den Kontakt zu den Sitzhöckern, den Knien und den Füßen zu behalten, hat sich die Qualität Ihrer Atmung während der Armbewegung nicht verschlechtert, sondern sogar verbessert und ist Ihr Blick weich und bewusst geblieben, so gebührt Ihnen nun das Privileg, die Zügel aufnehmen zu dürfen.

Durch nichts wird ein Pferd so sehr in seiner natürlichen Bewegung gestört wie durch falschen Zügelgebrauch. Dies kann zu nachhaltigen Schäden führen. Eine unqualifizierte Zügelführung wirkt nach hinten und führt dazu, dass sich das Pferd zusammenzieht.

Das Gegenteil davon ist Ziel der Reitkunst: Das Pferd soll sich nach vorne lösen und längen, es soll eine gerade Richtung nach vorne entwickeln und es soll sich durch Längen der Oberlinie versammeln.

Deshalb muss der Gebrauch der Zügel dieses Ziel unterstützen und darf ihm nicht entgegenwirken. Der Reiter, Ausbilder und Turnierrichter muss verstehen, dass der Zügelgebrauch jederzeit das Lösen und Längen des Pferdes unterstützen oder aber ihm entgegenwirken kann. An der Form des Pferdes ist dies für die meisten Menschen nur schwer zu erkennen.

Es gilt, eine feine Wahrnehmung für die Bewegungssteuerung des Pferdes zu entwickeln. Die Bewertung der Bewegung eines Pferdes sollte sich nicht ausschließlich an der Form festmachen, sondern vielmehr an der Qualität, in der sich die Kraft von den Hinterbeinen durch den Pferde-

Die gehobenen Hände unterstützen die mittlere Achse des Reiters.

leib bis in den Hals und über den Kopf hinaus fortsetzt. Die Kraft der Bewegung kann wellenartig durch den Pferdekörper fließen, wenn Knochen, Muskeln und Sehnen ausbalanciert zusammenspielen und die Gelenke frei sind.

> Das Hals-Kopf-Gelenk hat wesentlichen Einfluss auf die Qualität der gesamten Bewegung. Ist dieses Gelenk beeinträchtigt, so kann sich die Bewegung nicht frei entfalten.

Beim Betrachten dieser Zusammenhänge wird klar, dass das Hals-Kopf-Gelenk wesentlichen Einfluss auf die Qualität der gesamten Bewegungssteuerung hat.

a: Die Bewegungsrichtung des Pferdes

Bewegungsrichtung

b: Bewegungsrichtung des Pferdes und Zügelzug laufen gegeneinander.

Bewegungsrichtung

Zügelrichtung

c: Durch die Interferenzen der beiden Wellen entsteht ein Wellenberg. Anatomisch zeigt sich dies im falschen Knick des Pferdenackens.

d: Zügelführung in Harmonie mit der Bewegungsrichtung des Pferdes

Ist das Hals-Kopf-Gelenk durch einen Zug nach hinten beeinträchtigt, so kann sich die Bewegungswelle nicht frei von hinten nach vorne entfalten. Es kommt zu Blockierungen der freien Bewegung, die im Extremfall zu so ernsthaften Störungen wie einem falschen Knick im Nacken führen.

Aber auch wenn diese Störungen nicht so augenfällig werden, bedeutet ein festes Hals-Kopf-Gelenk immer eine deutliche Beeinträchtigung der Bewegungsfreude des Pferdes.

Kurz gesagt: Wenn der Zügel die freie Beweglichkeit von Hals und Kopf einengt, so befinden sich Reiter und Pferd im Widerspruch.

Die Aufgabe der Zügel ist es, das Lösen des Pferderückens in den verschiedenen Trainingsphasen zu unterstützen:

Längen vorwärts abwärts
Herandehnen an den Zügel
Versammlung

So wie sich ein Kind nur entwickelt, wenn es seinen Kopf frei tragen kann und nicht „gedeckelt" wird, so schwingt der Pferderücken nur dann frei, wenn die Bewegungswelle sich bis über den Kopf hinaus fortsetzen kann. Der Schädel ist das erste Glied der Wirbelsäule und beeinflusst seinerseits jedes Element dieser Kette bis zurück in die Schweifwirbel.

Ist der Zügelkontakt nicht in Harmonie mit der Bewegungswelle, so kommt es zu Interferenzen (Wellenstörungen) zwischen der Bewegungsrichtung und dem Zügelzug.

Das freie Bewegen der Arme, ohne die aktive Balance zu stören, verstärkt das

Bewusstsein des Reiters für Balance und Aufrichtung.

Aus dieser frei fließenden Bewegung kann eine unfixierte Arm- und Handhaltung entstehen, in der die Hand-, Ellenbogen- und Schultergelenke stets frei beweglich bleiben.

Schließen Sie Ihre Zügelfäuste nur leicht. Denken Sie eine Linie von Ihrer Lendenwirbelsäule weg nach vorne entlang Ihrer Unterarme bis über die Fingerknöchel hinaus. Verbinden Sie diese Linie mit den gedachten Richtungen des Rückens nach oben und unten und mit den Richtungen der Oberschenkel bis über die Knie hinaus. Der Handrücken soll dabei mit der Unterarmaußenseite in etwa eine Linie bilden. Die obersten Fingergelenke bleiben gerade.

Auf diese Weise schließen sich die Hände über die durchlässigen Arme an die primäre Steuerung des Reiters an und kommen in einen „fließenden" Kontakt mit dem Becken und den Schenkeln.

Denken Sie Ihre Hände vom Becken weg nach vorne.

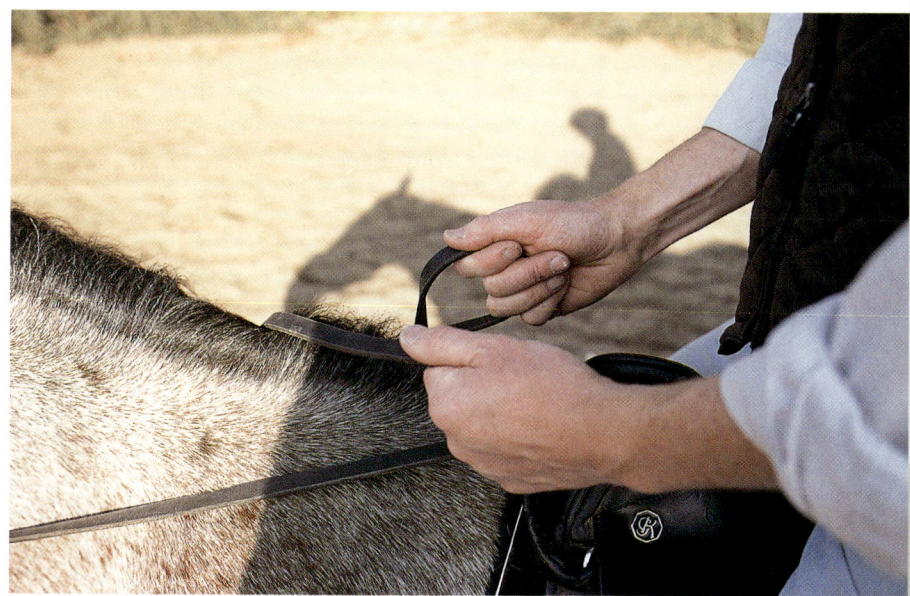

Nur eine korrekte Handhaltung ermöglicht einen guten Kontakt von Reiter und Pferd über die Zügel.

Die Einwirkungen über den Sitz, über die Schenkel und über die Zügel verbinden sich zu einem harmonischen Ganzen. Der ganze Organismus des Reiters ist in Balance.

Das Pferd kommt dem Reiter von unten entgegen und steht an den Hilfen.

Dieses Entgegenkommen des Pferdes ist ein Ausdruck von Vertrauen und Zuwendung und kann nicht erzwungen werden.

Pferd und Reiter sind jetzt in einem wachen Kontakt und beziehen sich mit ihrem ganzen Organismus aufeinander.

Im Zentrum der Reitkunst: die halbe Parade

> Das Anreiten geschieht mithilfe der halben Parade, ebenso Tempo- und Gangartwechsel – sowohl in höhere als auch in niedrigere Tempi und Gangarten. Ein und derselbe Vorgang, leicht modifiziert für die jeweiligen Erfordernisse, sorgt für die prompte Umsetzung der Reiterwünsche in Bezug auf die Bewegung des Pferdes.

Alois Podhajsky unterscheidet in seinem berühmten Lehrbuch *Die Klassische Reitkunst* Paraden, worunter er sowohl das Anhalten als auch den Wechsel von einer höheren Gangart in eine tiefere versteht, und halbe Paraden. Diese dienen „zum Verkürzen der Gänge, Verbessern der Anlehnung und Versammlung sowie

schließlich als Vorbereitung für alle Übungen des Pferdes, die vermehrte Geschicklichkeit erfordern". Heute hat sich der Ausdruck „halbe Parade" für einen Vorgang eingebürgert, der am Beginn jeder Lektion steht:

Anreiten geschieht mithilfe der so genannten halben Parade, ebenso Tempo- und Gangartwechsel – sowohl in höhere als auch in niedrigere Tempi und Gangarten –, der Grad der Versammlung wird geregelt und sogar das Anhalten geschieht durch denselben Impuls, nur dass dies dann ganze Parade genannt wird.

Ein und derselbe Vorgang, leicht modifiziert für die jeweiligen Erfordernisse, sorgt für die prompte Umsetzung der Reiterwünsche in Bezug auf die Bewegungen des Pferdes. Und dies ist sogar ohne sichtbare Hilfengebung möglich.

Man sollte erwarten, dass eine detaillierte Beschreibung dieses Wunderwerkzeugs in jedem Lehrbuch der Reitkunst zu finden sei. Das Gegenteil ist der Fall: Ich kenne kein Buch, das eine präzise und ausführliche Beschreibung der halben Parade enthält.

Anmerkung: Es gibt so genannte Trab- und Galopphilfen und ich kann diese bei Bedarf anwenden. In diesem Fall wird der speziellen Hilfe eine halbe Parade vorausgeschickt. Ein wirklich ausbalanciertes Pferd jedoch benötigt nichts weiter als eine halbe Parade im rechten Augenblick, um die gewünschte Bewegung zu zeigen. Diese Hilfengebung ereignet sich im Grenzgebiet zwischen feiner Aktion und reinem Denken.

Die halbe Parade entsteht durch ein Zusammenwirken der drei Einwirkungen des Reiters auf das Pferd, die als

Die Oberlinie des Rückens längt sich gemeinsam mit der Halswirbelsäule, während sich die Unterlinie verkürzt.

Zügelhilfe, Schenkelhilfe und Gewichtshilfe bekannt sind.

Durch sein Gewicht und den Zügelkontakt hat der Reiter direkten Einfluss auf die Mitte der Pferdewirbelsäule und auf ihr erstes Glied, den Kopf.

Verstärkt nun der Reiter sein „Wachsen" in die Länge und in die Tiefe (das Kippen des Fasses) und verbindet diesen Impuls mit einem minimalen Eindrehen der Zügelhände nach innen (weniger als einen Zentimeter), so erhält das Pferd einen feinen, aber deutlichen Impuls, die Oberlinie bis über den Kopf hinaus zu dehnen.

Dabei wirkt das Reiterbecken auf das Kreuzbein, die Lenden- und Brustwirbelsäule des Pferdes, die Zügel wirken gleichzeitig auf das Hals-Kopf-Gelenk und die Halswirbelsäule. Die Pferdewirbelsäule erhält also einen gleichzeitigen Impuls von zwei Seiten, sich in die Länge zu lösen. Dieser Impuls wird noch unterstützt durch das Anschmiegen der Unterschenkel, eventuell durch eine feine Drehbewegung der Unterschenkel nach innen und vorne. Hierdurch erhält das Pferd eine zusätzliche Unterstützung, den Brustkorb zu heben und zu längen. Dieser dreifache Impuls ist die halbe Parade.

> Bei jedem Tempowechsel, bei jedem Wechsel der Gangart wird das Pferd eingeladen, sich stärker in seine Kraft zu begeben.

Das Verfahren ist durch und durch logisch: Bei jedem Tempowechsel, bei jedem Wechsel der Gangart und überhaupt bei jeder Lektion wird das Pferd eingeladen, sich stärker in seine Kraft zu begeben. Diesen Impuls gibt der Reiter seinem Pferd, um es zum Gehen zu veranlassen ebenso wie zum Anhalten, um die Bewegung zu beschleunigen wie um sie zu verlangsamen. Immer ist es wichtig, dass das Pferd in seiner Kraft und Ausrichtung unterstützt wird, anstatt es zu veranlassen sich zusammenzuziehen. Das Erreichen so gegensätzlicher Ergebnisse wie Beschleunigen oder Verlangsamen mithilfe desselben Impulses wird möglich durch unterschiedliche Akzentuierung der halben Parade. Zum Beschleunigen wird die halbe Parade so eingesetzt, dass die Bewegungswelle nach vorne einen kurzen verstärkenden Impuls erhält, die halbe Parade wird als Unterstützung der Vorwärtsbewegung gegeben. Ein Bild hierfür könnte ein Holzreifen sein, der von einem Kind mithilfe eines Stöckchens so angetrieben wird, dass der Reifen in seiner Balance nicht gestört wird. Zum Verlangsamen wird der Impuls der halben Parade so platziert, dass die Bewegungswelle sanft gedämpft wird. Ein fein eingestelltes Pferd wird sofort durch Verlangsamung reagieren. Zum Versammeln des Pferdes wird der Impuls der halben Parade deutlich nach unten gegeben. Das Pferd reagiert durch Verstärken der Tragkraft.

Folgt das Pferd diesen Aufforderungen nicht, so kann das verschiedene Gründe haben. Das Pferd hat möglicherweise noch nicht genügend Kraft entwickelt, ausbalanciert unter dem Reiter zu gehen, oder ist zum Beispiel durch Schmerzen in seiner Bewegungsfreiheit behindert. Jedenfalls aber fehlt hier die Basis für den nächsten Schritt. Versucht der Reiter diese Voraussetzung zu überspringen, so ist es nicht unwahrscheinlich, dass er in Teufels Küche gerät.

Pferde, die ihr Heil in der Flucht suchen, indem sie sich durch Einrollen des Kopfes oder durch Festbeißen auf dem Gebiss einer unsensiblen Zügelführung entziehen, bieten hierfür deutliche Beispiele. In den von mir in vielen Punkten geschätzten Richtlinien für Reiten und Fahren der FN gibt es leider eine Anleitung zum Einsatz der halben Parade, die in die falsche Richtung weist. Dort ist von einem „kurzen, vermehrten Einschließen des Pferdes zwischen den Gewichts-, Schenkel- und Zügelhilfen" die Rede, dem eine nachgebende Zügelhilfe zu folgen habe. Diese Formulierung ist meines Erachtens nach unglücklich gewählt. Sie birgt die Gefahr, dass das Reiterverständnis die halbe Parade in zwei gegensätzliche Anteile zerlegt und dadurch die Bewegungswelle (Schwung, Takt und Balance) nach vorne stört. Freilich wird ein guter Reiter sofort verstehen, was hier mit „Einschließen" gemeint ist. Der erfahrene Reiter aber benötigt keine Erklärung der halben Parade. Derjenige Reiter aber, der den Zusammenhang noch nicht praktisch erfahren hat und deshalb auf der Suche nach Verständnis ist, benötigt die Erklärung. Er ist in Gefahr, hier nicht mitzudenken, dass jede Hilfe grundsätzlich von hinten nach vorne wirken muss und nicht umgekehrt.

Der Begriff „Einschließen" kann leicht verwechselt werden mit einer Anleitung zum Zusammenziehen des Pferdes bei gleichzeitigem Vorwärtstreiben. Jedenfalls ist diese Vorgehensweise weit verbreitet, was mich veranlasst, nach den Quellen des Missverständnisses in der Sprache zu suchen.

Überhaupt kann es Reitern leicht passieren, einzelne Hilfen isoliert zu denken. Dies führt den Reiter in die Trennung von sich selbst und von seinem Pferd.

Zwar gibt es drei Einwirkungsbereiche für den Reiter auf sein Pferd, das Becken, die Beine und die Zügel, jedoch ist es irreführend, von drei Reiterhilfen zu sprechen. Tatsächlich gibt es nur eine Hilfengebung beim Reiten, und das ist die Gewichts-Schenkel-Zügel-Hilfe. Becken und Beine arbeiten immer zusammen. Allenfalls kann auf den gleichzeitigen Einsatz der Zügel verzichtet werden. Die Zügel dagegen dürfen nur auf der Grundlage der beiden anderen Hilfen gebraucht werden. Richtig verstanden kommt also immer nur die eine Hilfe zum Einsatz, mal mit dem Augenmerk auf dem Becken, mal vom Becken ausgehend zu den Schenkeln hin und mal zu Schenkeln und Zügeln gleichzeitig.

Ist das Pferd noch gar nicht in der Lage, auf die feinen Impulse seines Reiters zu reagieren, so ist die Verbindung von Pferd und Reiter noch unklar. Das Pferd kommt dem Reiter nicht entgegen. In diesem Fall sollte der Reiter viel mit seiner Stimme arbeiten und das Pferd vom Boden aus schulen (siehe im folgenden

Kapitel „Bodenarbeit"). In diesem Zusammenhang möchte ich noch einem weit verbreiteten Missverständnis entgegenwirken:

Ein Pferd nimmt dadurch keinen Schaden, dass es viel vorwärts abwärts geritten wird. Unter Vorwärts-abwärts-Reiten verstehe ich einen Vorgang, bei dem sich das Pferd freiwillig löst, sodass seine Nase nach vorne und gleichzeitig in Richtung Boden zeigt. Dieses lösende Strecken ist dann korrekt und sinnvoll, wenn eine Bewegungswelle von der

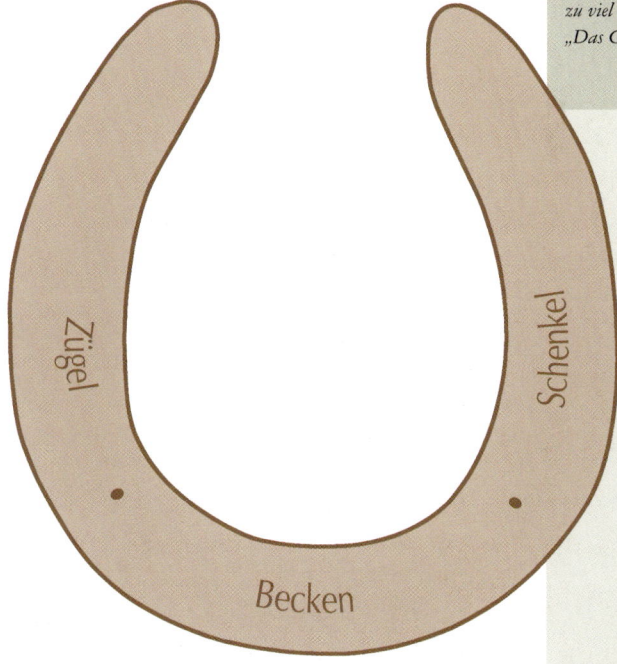

Zügel

Schenkel

Becken

Hinterhand bis über den Kopf entsteht. Die Gefahr ist allenfalls, dass durch anhaltendes Arbeiten in dieser Art die Entwicklung Ihres Pferdes stagniert. Sie ziehen sich jedoch nicht den Tierarzt in

Dieses Hufeisen der Einwirkungen ist die Grundlage einer glücklichen Verständigung von Reiter und Pferd: Das ausbalancierte Reiterbecken ist die physische Basis der Kommunikation mit dem Pferd. Auf dieser Grundlage können die Schenkel und die Zügel aktiviert werden. Werden Zügel und Schenkel ohne diese Basis aktiv, so bekommt das Hufeisen an seinen Enden zu viel Gewicht und kippt: „Das Glück fällt heraus."

den Stall, weil ihr Pferd auf diese Weise zu sehr auf der Vorhand läuft.

Um vorwärts-abwärts besser zu verstehen, machen Sie folgenden Versuch:

Setzen Sie sich auf einen Stuhl und lassen Sie den Oberkörper und die Arme nach vorne hängen.

Dies wird für Ihren Rücken entlastend sein, entspricht aber nicht dem, was ich unter vorwärts-abwärts verstehe.

Belasten Sie nun Ihre Füße bewusst!

(Denken Sie dabei Ihre Füße in den Boden, Ihre Knie nach vorne, Ihr Becken in Richtung Stuhl, Ihren Rücken lang und weit und Ihren Nacken frei!)

Spüren Sie die Verbindung der Beine, des Beckens und der ganzen Wirbelsäule. Schauen Sie bewusst!

Wenn Ihr Atem jetzt tiefer geworden ist und Ihr Nacken einen zusätzlichen Lösungsimpuls erhalten hat, so ist der Versuch geglückt und Sie haben nun

Beugen Sie sich im Sitzen nach vorne.

Geben Sie sich Direktiven für eine verbesserte Ausrichtung. Im Unterschied zum bloßen Nach-vorne-Beugen haben Sie jetzt eine innere positive Spannung aufgebaut.

eine deutlichere Vorstellung von vorwärts-abwärts.

Tatsächlich gefährlich wird es für das Pferd und hinsichtlich der Tierarztkosten, wenn die Zügel so aufgenommen werden, dass die natürliche Bewegungsentfaltung im Pferderücken behindert wird.

Das Pferd drückt dann seine Lendenwirbel oder den gesamten Rücken nach unten und der Schwung der Hinterhand kann sich nicht mehr frei über den Rücken entfalten. Das Pferd verliert auf diese Weise seine Gehfreudigkeit. Nun wird nicht nur die Vorhand zu stark belastet, sondern alle vier Beine und dazu der Rücken. Ich spreche hier nicht über ein Phänomen, das man etwa nur gelegentlich zu sehen bekäme.

Tatsächlich ist es so verbreitet wie die Rückenschmerzen bei uns Menschen dieser Zivilisation.

Das Bild oben zeigt nicht etwa ein extremes Beispiel, sondern ein typisches modernes Dressurpferd der gehobenen Kategorie. Für Pferde wie dieses werden sechsstellige Summen bezahlt. Das Pferd schiebt stark hinten heraus, nach vorne kann es sich nicht frei entfalten. Die Schubkraft ist deutlich stärker als die Tragekraft.

Pferd und Reiterin zeigen ein ähnliches Bild: Beide sind stark angespannt, beide befinden sich im Hohlkreuz und haben ein festgehaltenes Hals-Kopf-Gelenk. Die Reiterin sitzt darüber hinaus deutlich hinter der Senkrechten.

Das Bild links zeigt ein typisches modernes Springpferd der gehobenen Kategorie. Auffällig ist die starke Muskulatur im Widerristbereich. Der vordere Teil des Pferdes (die Schultern) ist wesentlich stärker entwickelt als der hintere. Die Oberlinie ist kürzer als die Bauchlinie: der Rücken ist zusammengezogen. Dieses Pferd ist ein Leistungssportler mit allen Konsequenzen. Ein Pferd wie dieses wird geschätzt, weil es Höhen von mindestens 1,40 Meter springt. Wie es langfristig um die Gesundheit des Tieres bestellt ist, ist zweitrangig.

Zum Abschluss dieses Kapitels möchte ich noch eine Bemerkung zum Thema Hilfszügel machen:

Es mag für den Realitätssinn eines Ausbilders sprechen, wenn er einem Anfänger ein Pferd mit Hilfszügeln gibt, um ihn und das Pferd zu schützen. (Dabei ist unbedingt darauf zu achten, dass der Pferdekopf nicht hinter die Stirn-Nasen-Linie gezogen wird!) Ein Qualitätszeichen ist der Gebrauch von Hilfszügeln nicht.

Es bedeutet nur, dass der Ausbilder seinem Reitschüler bedauerlicherweise kein besseres Pferd zur Verfügung stellen kann beziehungsweise dass das eigene Pferd des Reitschülers noch nicht ausbalanciert ist.

Ist das Pferd ausbalanciert, der Reiter aber so wenig, dass er die Balance seines Pferdes stört, so ist der Gebrauch von Hilfszügeln dem Pferd gegenüber unfair und schädigend.

Hier sollte der Reiter erst auf einem Holzpferd oder einem Reitsimulator Unterricht bekommen.

> Wenn der Zügel die freie Beweglichkeit von Hals und Kopf einengt, so befinden sich Reiter und Pferd im Widerspruch.

Wendungen

Die eigene Drehachse finden

Ein Anfänger sollte auf einem gut ausgebildeten Pferd lernen, und ein junges Pferd sollte von einem erfahrenen Reiter geritten werden.
Reiterweisheit

Möchten Sie lernen, Wendungen präzise zu reiten, so ist ein gut ausbalanciertes Pferd eine große Hilfe. Auf ihm können Sie erfahren, wie einfach das Reiten von Wendungen sein kann, und diese Erfahrung als Orientierung nehmen. In jedem Fall aber ist das Finden der eigenen Drehachse die Voraussetzung für klare Wendungen.

Bevor Sie das nächste Mal auf das Pferd steigen, erlauben Sie sich, folgende Erfahrung zu machen: Drehen Sie sich um die eigene Achse, indem der Blick die Bewegung führt und auf natürliche Weise nacheinander den Kopf, den Schultergürtel und das Becken mitnimmt.

Die Schritte im Einzelnen:

1. Stellen Sie sich aufrecht hin (beispielsweise in die leere Reithalle).
2. Denken Sie eine Richtung nach oben bis über den Kopf, eine Richtung nach unten bis in den Boden und schauen Sie in die Richtung nach vorne.
3. Nun lassen Sie, ohne den Kopf zu bewegen, den Blick nach links gleiten. Gut eignen sich dafür horizontale Linien wie eine Bande oder ein Zaun, die das Gleiten des Blickes unterstützen können.
4. Sobald der Blick in ihrem Augenwinkel angekommen ist, lassen Sie ihn wei-

Sazu folgt Sarahs Körperdrehung.

tergleiten, indem der Blick nun den Kopf in die Drehung mitnimmt.

5. Lassen Sie den Kopf sich so weit alleine drehen, bis er durch einen natürlichen Impuls den Schultergürtel in Bewegung setzt. Das Becken sollte sich jetzt noch nicht mitdrehen!

6. Wählen Sie einen Punkt hinter Ihnen, auf dem Sie den Blick zur Ruhe kommen lassen. Wenn der Blick einen Öffnungswinkel von etwa 135 Grad erreicht

hat, wird das Becken sich von selbst mitdrehen.

7. Nachdem Ihr Blick den ausgewählten Gegenstand erreicht hat, beginnen Sie auf ihn zuzugehen. Der Körper organisiert sich ganz von selbst in die Ausgangsbalance.

Es geht nicht darum, diese Bewegung exakt durchzuführen. Hier geht es um die Erfahrung, dass die Drehung sich fließend entwickeln kann als natürlicher

Vorgang, bei dem durch die Weisheit des Körpers eine Bewegung aus der anderen entsteht.

Erneuern Sie diese Erfahrung, indem Sie ein neues Ziel wählen, auf das Sie sich – durch den Blick geführt – hinwenden.

Als Nächstes geht es darum, den frei fließenden Blick beim Anreiten nicht zu stören:

- Setzen Sie sich auf Ihr Pferd.
- Finden Sie die Balance mithilfe der gedachten Richtungen und einem Spiegel.
- Reiten Sie an durch eine unsichtbare halbe Parade.
- Bleiben Sie ruhig, wenn das Pferd nicht sofort reagiert.
- Wiederholen Sie die halbe Parade und nehmen Sie die Stimme zu Hilfe.
- Blicken Sie dabei nach vorne in Ihre gewünschte Bewegungsrichtung.
- Achten Sie darauf, Ihren Blick nicht zu fixieren.

Wenn es Ihnen gelingt, Ihr Pferd nicht zu stören, werden auch Sie beim Anreiten in völliger Balance bleiben. Sie erkennen dies daran, dass Ihr Blick ruhig und offen bleibt: Sie bleiben in Kontakt mit dem anvisierten Ziel vor Ihnen.

Nachdem Sie einige Schritte geradeaus geritten sind, wenden Sie Ihren Blick zur Seite. Wichtig ist, dass Sie genau in der Achse Ihres Sitzes bleiben, dass beide Sitzhöcker gleichmäßig belastet bleiben und dass Ihre Schultern auf gleicher Höhe bleiben. Hierzu benötigen Sie wahrscheinlich Feed-back von einem Freund oder einem Lehrer.

Die Zügelhände halten Sie ruhig vor dem Körper. Sobald in der Drehung Ihre Schultern mit ins Spiel kommen, bewegen sich auch die Zügelhände auto-

matisch mit. Ihr Pferd spürt Ihren Blick und Ihre Drehung und begibt sich in die Wendung. *(Bild links)*

Fangen Sie mit großen Wendungen an und führen Sie dabei keine speziellen Zügelbewegungen durch.

Wenn Sie eine leere Halle zur Verfügung haben (oder einen leeren Platz), so reiten Sie durch die Diagonale auf die Ecke zu und lassen den Blick ab dem Zirkelpunkt nach innen gleiten, bis sie die Hallenecke sehen, die am anderen Ende der Längsseite liegt, dessen Zirkelpunkt Sie zur Orientierung benutzt haben. Reiten Sie auf diese Ecke zu und wenden Sie – geführt durch den Blick – wieder entsprechend ab.

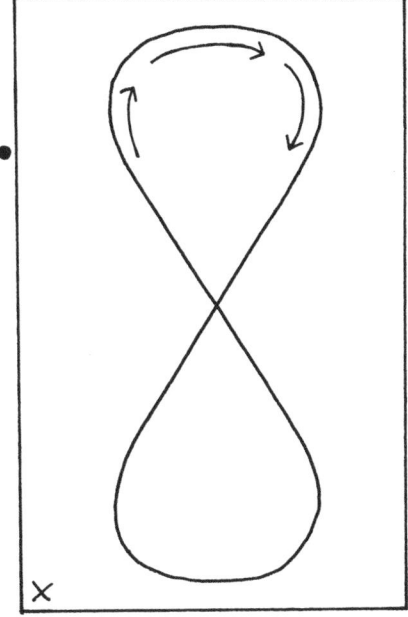

Ab dem Wendepunkt (•) lassen Sie Ihren Blick gleiten, bis Sie die gegenüberliegende Ecke (x) sehen.

Es hat sich auch bewährt, die Halle oder den Platz zuerst zu Fuß auf diese Weise zu erleben.

Die Blickrichtung der Reiterin ist durch die Körperachse mit dem Pferd verbunden.

Der Blick des Reiters

Dem Geist der Schwebe sollst du Freund sein.

Der Schwebende ist immer im Gleichgewicht.

Bleibe beim Pferde, wie der Vogel auf dem Rücken der Luft bleibt, die ihn trägt.

Dies ist das Geheimnis des Vogels, so sei es auch deins.

Wer schwebt, fällt nicht ...

Aber dein Auge muss offen sein und deine Sinne dürfen dich nicht verlassen.

Rudolf G. Binding

Sie werden feststellen, dass Ihr Pferd mit der Zeit lernt, der Richtung Ihres Blickes zu folgen. Voraussetzung dafür ist, dass die Richtung des Blickes vermittels Ihrer Aufrichtung mit dem Pferd klar verbunden ist.

Bringen Sie die Richtung Ihres Blickes also in Kontakt mit Ihrem Becken, Ihren Oberschenkeln und Ihren Füßen. Hierbei kann es helfen, den Blick aus dem rechten Auge gedanklich mit dem rechten Sitzhöcker, Knie und Fuß und den Blick aus dem linken mit dem linken Sitzhöcker, Knie und Fuß zu verbinden.

Wenn Sie Ihren Kopf von der Mitte aus nach links wenden, so lassen Sie den Blick vom rechten Auge führen. Wenn Sie Ihren Blick von der Mitte aus nach rechts wenden, so lassen Sie Ihren Blick auf dem Weg nach rechts und auf dem Weg zurück zur Mitte vom linken Auge führen. Diese Einstellung kann Ihnen helfen, die Verbindung des Sehens zu Ihrem aktiven Sitz zu verbessern.

Lassen Sie den Blick dabei immer gleiten. Es entsteht der Eindruck, dass die Halle (der Reitplatz ...) sich dreht.

Wenn Sie nun die beschriebene Acht gehen oder reiten, so haben Sie in den Wendungen den Eindruck, dass die Halle sich dreht, und auf den Diagonalen, dass die Halle auf Sie zu gleitet.

Dies mag Ihnen zunächst seltsam vorkommen, entspricht aber dem, was die Augen sehen, wenn der Blick fließend in Bewegung bleibt.

Wenn Sie die Acht abschreiten und sich dabei eine Videokamera vor den Bauch halten, so werden Sie feststellen, dass das Kameraobjektiv genau diesen permanenten Bewegungsfluss „sieht", solange Sie in Bewegung bleiben.

Auch ohne Videokamera können Sie diese Einstellung schnell finden, indem Sie Ihre beiden Hände parallel zueinander vor den Kopf halten und beim Gehen durch den Raum dazwischen hindurchschauen.

Beim Reiten können Sie die fließende unfixierte Einstellung des Blickes schnell

Die Hände helfen, den gleitenden Blick zu finden.

wiederfinden, indem Sie zwischen den Ohren Ihres Pferdes hindurch schauen.

Auf dem Reitplatz verschiebt sich visuell ständig der Hintergrund (Büsche, Wiese, Häuser) gegen die Reitplatzumzäunung. Alle senkrechten Gegenstände (Pfeiler, Pfosten, Masten) helfen, den unfixierten Blick wiederzufinden, da sie sofort die perspektivische Verschiebung bewusst machen, die immer stattfindet, solange wir uns bewegen.

Tatsächlich tendieren wir dazu, visuell nicht in Kontakt mit dem zu bleiben, was sich vor unseren Augen befindet. Durch gewohnheitsmäßiges Assoziieren hat unser Denken die Tendenz, in die Vergangenheit und in die Zukunft zu springen und damit die Wahrnehmung von dem abzuziehen, was sich hier und jetzt ereignet.

Die optischen Verschiebungen und visuellen Bezüge bewusst wahrzunehmen hilft, das Denken in die Gegenwart zu bringen. Hierdurch hat unser Bewusstsein es leichter, in einem umfassenden, fühlenden Kontakt mit unserem Gegenüber zu bleiben.

Die fließende Art des Sehens ist für uns zunächst ungewöhnlich. Sie werden aber bald merken, dass sie die Flexibilität und Durchlässigkeit des ganzen Organismus unterstützt.

Tatsächlich ist das Fixieren des Blickes oft der erste Schritt eines unbewussten Vorganges, der zu einem inneren Festhalten führt.

Besonders Dressurreiter haben große Schwierigkeiten, ihren Blick frei nach außen zu lenken, so sehr konzentrieren sie sich auf die Bewegungen ihres Pferdes.

Wenn Sie sich nach dem Aufsitzen Zeit geben, um die Balance und die Auf-

richtung in der Verbindung zu Ihrem Pferd zu finden, so achten Sie darauf, den Blick nach vorne nicht zu forcieren, sondern entstehen zu lassen (siehe oben Abschnitt „Der Sitz des Reiters", Anweisung 6).

„Die Augen sind der Spiegel der Seele", dieses Wort hat wohl für die meisten Menschen eine Bedeutung.

Auf der anderen Seite bietet ein wachsendes Bewusstsein für unser Sehen einen Zugang zu unseren tieferen Gefühlen und damit die Möglichkeit unser Reiten beseelter, essenzieller werden zu lassen.

Schnellere Gangarten

Die Energiebewegung nach vorne

Das Pferd ist ein Tänzer an deiner Hand: ein Tänzer in die Unendlichkeit.

Aus dem Schwung, den du ihm mitteilst, folgt die Leichtigkeit, folgt das Schweben.

Alle Kraft fühlst du sich unter deinem Sattel vereinigen.

Das Land bleibt hinter dir zurück. Die Welt fließt an dir vorüber.

Dein Tänzer trägt dich davon.

Rudolf G. Binding

Die Schwungkraft entspricht der Psyche des Pferdes.

Gute Schwungkraft erhält man, wenn ein Pferd in der Lage ist, in einer Gangart die von seinem Reiter gewünschte entspannte Haltung zu bewahren, die gleiche Intensität an Energie ohne Hilfen zu entwickeln und seine Haltung zu erhalten.

Es ist offensichtlich, dass die Entwicklung von Energie bei jeder Bewegung und Gangart vom Ausbildungsstand des Reiters abhängt. Das von einem Anfänger gerittene Pferd kann nicht den gleichen Grad an Schwungkraft bewahren wie jenes unter einem fortgeschrittenen Reiter: hier heißt es, darüber zu wachen, dass jene Schwungkraft erhalten bleibt, welche der Reiter zu vermitteln in der Lage ist. Schwungkraft muss immer vorhanden sein. Und es liegt an der Stimmung des Pferdes, an die man sich zuerst anschließen muss. Wenn es glücklich ist, geht alles gut, wenn es verspannt ist, geht alles schlecht. Muss man Gewalt anwenden, betritt man ein Gebiet, welches zur Reitkunst ebenso wenig gehört wie zur zivilisierten Menschheit.

Nuno Oliveira in Notizen zum Unterricht

Die meisten Menschen in unserer Gesellschaft sind im Unterleib übermäßig angespannt. Da die tragende Spannung, die die Aufrichtung bewirkt, in der Regel zu schwach ist, ist die Bauchdecke oft eingezogen und die Organe im Bauchraum sind zusammengepresst.

Nachdem der Reiter durch „Wachsen" (siehe oben) mithilfe der neuen Ausrichtung einen längeren Rücken und mehr Raum im Unterleib bekommen hat, ist es sinnvoll, die übermäßige Spannung im Bauch- und Solarplexusbereich bewusst zu lösen.

Der Solarplexus (das Sonnengeflecht) bezeichnet eine dichte Ansammlung von Nervenenden im Dreieck zwischen den Rippen und dem Nabel.

Um die überflüssige Spannung zu lösen, denken Sie von Bauch und Solarplexus aus nach vorne und erlauben Sie, dass sich diese gedachte Richtung mit der Blickrichtung verbindet.

Lassen Sie Ihre Energie vom Solarplexus aus nach vorne fließen.

Lassen Sie die eingezeichneten Richtungen zusammenwirken!

Lassen Sie die Energie sich nach vorne entladen.

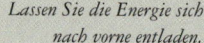

Das Lösen der Überspannung im Bauch und Aufbauen der Richtung vom Solarplexus aus nach vorne kann längere Zeit in Anspruch nehmen, da die Bauchspannung oft sehr stark ist.

Durch das „Wachsen" verbinden sich die Richtungen nach oben – bis über den Kopf – und nach unten – bis über die Fersen – und bilden eine zentrale Kräfteachse.

Von dieser doppelten Richtung – nach oben, nach unten – denken Sie eine dreifache Richtung nach vorne:

über die Knie
vom Solarplexus aus
in Blickrichtung

Lassen Sie diese Richtungen zusammenwirken!

Wenn Sie die dreifache Richtung nach vorne und die Doppelrichtung nach oben und unten gleichzeitig aktivieren, werden Sie das Gefühl haben, Ihr Körperinnendruck erhöhe sich. Sie erleben sich lebendiger und präsenter. Machen Sie nicht den Fehler, die Bauchdecke dabei aktiv nach außen zu drücken!

Reiten Sie an und denken Sie dabei Ihre dreifache Richtung nach vorne.

Bewegen Sie Ihre Körperachse ab den Hüftgelenken ein wenig nach vorne in die Bewegungsrichtung und traben Sie an.

Lassen Sie die Energie sich nach vorne entladen: Ihr Pferd wird einen Schub nach vorne erhalten.

Das Pferd gibt den Rhythmus vor und der Reiter die Melodie. Gemeinsam bilden sie ein harmonisches musisches „Wesen". Das ist eines der unzähligen Geheimnisse um die

Freuden des Reitens: Mensch und Tier werden zusammen zu Musik – Musik, die sich erfahren lässt.

Karl König
in Elephants, Bears, Horses, Cats, and Dogs

Auch in Ihrem Alltag ohne Pferd können Sie sich diese Richtungen immer wieder bewusst machen. Erinnern Sie sich dabei an das Sitzen im Sattel. Selbst im Stehen ist es sinnvoll, die Sitzhöcker nach unten zu denken.

Auf diese Weise können Sie sich immer wieder aus den gewohnten Mustern herausziehen und ein Stück wacher werden.

Sie werden anfangen, sich selbst in einem energetischen Feld zu erleben. Das intensivierte Erleben auf dem Boden wiederum kommt Ihrem Reiten zugute.

Der Entlastungssitz

Wenn Sie die Energiebewegung nach vorn bewusst aktivieren, so hilft Ihnen dies in jeder Gangart und Sitzweise. Am deutlichsten werden Sie dies vielleicht erfahren, wenn Sie leicht entlasten.

Die erste Stufe des leichten Sitzes wird Entlastungssitz genannt. Der Reiter befindet sich nicht mehr in der Vertikalen, sondern in einem leichten Neigungswinkel nach vorne, das Becken hat dabei weiterhin Sattelkontakt.

Die Größe des Neigungswinkels hängt von verschiedenen Faktoren ab (Geschwindigkeit, Reitergewicht, Größe des Pferdes, Ausbildungsstand ...) und zielt auf das bestmögliche Ergebnis.

Obwohl der Reiter die Vertikale verlässt, darf er seine Aufrichtung nicht verlieren! Ebenso darf die klare Verbindung nach unten und damit die Einwirkung

*Sarah auf Wilka
im Entlastungssitz*

auf das Pferd nicht gestört werden, was anfangs schwierig ist.

Die Sitzhöcker üben weniger Druck als im Dressursitz nach unten aus, umso klarer muss der Kontakt des Reiters in seine Beine sein. Diese dürfen nicht an das Pferd angepresst werden.

Die Hüftgelenke müssen durchlässig und beweglich bleiben und die Oberschenkel müssen klar vom Rumpf des Reiters weg nach vorne aktiviert werden. Da das volle Gewicht und der Vorteil der vertikalen Aufrichtung dem Reiter nicht mehr zu Hilfe kommt, ist es jetzt umso wichtiger, die Verbindung in das Pferd gedanklich zu unterstützen.

Denken Sie nach unten in das Pferd hinein und dann durch den Hals und den Kopf des Pferdes nach vorne.

Halten Sie Ihren Blick lebendig, das wird Sie davor bewahren, nach vorne zu kippen.

Der Entlastungssitz ist nicht sehr bekannt und offenbar nicht sehr hoch angesehen. Das kommt meines Erachtens daher, dass er nicht verstanden wird, denn er bietet eine ganze Reihe von Vorteilen:

1. Der Entlastungssitz ist die natürliche Art des Reitens im schnelleren Galopp. Sowohl Pferde als auch die meisten Menschen lehnen sich beim Rennen nach vorne.

Im Entlastungssitz ist es wichtig, die Verbindung nach unten in das Pferd gedanklich zu unterstützen.

2. Er entlastet den Rücken von Pferd und Reiter im Trab, was besonders wichtig ist, wenn der Pferderücken noch nicht die Qualität des freien Schwingens erreicht hat.

3. Er gibt dem Pferd einen Impuls nach vorne, was dem Pferd hilft, Schubkraft zu entwickeln.

4. Er hilft dem Reiter, seine Balancefähigkeit zu schulen.

5. Er entlastet den unteren Rücken des Reiters (Lendenwirbelsäule, Kreuzbein) und hilft diesem, sich in die Länge zu lösen. Auf diese Weise kann der Reiter der weit verbreiteten Tendenz zum Hohlkreuz entgegenwirken.

6. Er hilft, die erforderliche Rumpf- und Rückenmuskulatur aufzubauen, die die Spannungslücke zwischen Becke und Oberkörper schließt.

Der Trab ist die wichtigste Gangart, um ein Pferd zu lösen und es zu unterstützen, in seine Kraft zu finden.

Viele Reiter kennen nur das Leichttraben und das Aussitzen. Ausgesessen sollte ein Pferd im Trab erst dann werden, wenn sich seine Tragkraft schon entwickelt hat, das heißt, wenn der Pferderücken dem Reiter aktiv entgegenkommt. So bliebe für die Ausbildung eines jungen Pferdes also nur das Leichttraben. Dieses ist in seinen Einwir-

kungsmöglichkeiten aber sehr begrenzt, da das Reiterbecken das Pferd bei jeder Hebung verlässt.

Ohne Entlastungssitz ist ein präzises Ausbilden von Pferden meiner Ansicht nach kaum möglich. Nur er ermöglicht einen klaren Kontakt mit dem Pferd bei reduziertem Reitergewicht.

Um vom Trab in den Galopp zu gelangen, erhöhen Sie noch einmal Ihre Energie. Schauen Sie nach vorne! Wünschen Sie sich nach vorne! Aktivieren Sie Ihr Pferd durch eine unsichtbare halbe Parade und schicken Sie Ihre Energie durch das Pferd hindurch nach vorne! Auch zum Galoppieren sollten Sie im Entlastungssitz bleiben. Erst später, wenn das Pferd sich entsprechend entwickelt hat, kann es auch im Galopp durch den Dressursitz gefördert werden.

Beim Übergang Galopp-Trab ändert sich der Bewegungsrhythmus des Pferdes für den Reiter sehr deutlich. Jetzt ist es besonders wichtig, dass der Reiter mit der Bewegung wellenartig nach unten in sein Becken und von dort bis über die Knie nach vorne hinaus denkt. Wenn Sie dies körperlich verstanden haben, werden Sie Galopp-Trab-Übergänge faszinierend finden.

> Erst wenn sich die Tragkraft ausreichend entwickelt hat, sollten Pferde im Trab oder Galopp ausgesessen werden.

Schulterherein

Schulterherein ist die Mutter der Dressur.
Reiterweisheit

Unter Schulterherein versteht der Reiter eine Bewegung des Pferdes im Schritt, Trab oder Galopp, bei der das Pferd geradeaus läuft, seine Vorhand aber zur Seite gedreht ist. Die Vorderbeine fußen dabei auf dem zweiten oder dritten Hufschlag auf. Das innere Hinterbein des Pferdes tritt dabei deutlicher unter den

Schwerpunkt. Schulterherein gilt als die Grundlage der Seitengänge des Pferdes, ja vielleicht als die Grundlage für alle höheren Lektionen.

Bevor Sie Schulterherein reiten, sollten Sie sich den Sinn dieser Lektion bewusst machen:

Sarah auf Garnet im Schulterherein. Das äußere Vorderbein und das innere Hinterbein fußen auf einer Spur auf.

Achten Sie im Vierfüßlerstand auf eine gute Verbindung von Becken, Rücken und Kopf.

Fühlen Sie selbst, was im Schulterherein beim Pferd passiert. Auf diesem Bild ist deutlich zu sehen, wie sich die äußere Muskulatur längt.

Nicole zeigt hier eine aktive Rückenspannung.

- Gehen Sie dazu auf Ihrem Wohnzimmerteppich in den Vierfüßlerstand. Ein Spiegel kann Ihnen helfen zu sehen, ob Sie dabei eine gute Verbindung von Kreuzbein, Rücken, Hals und Kopf eingehen.
- Setzen Sie nun das rechte Knie in Bewegung, unmittelbar gefolgt von der rechten Hand, dann linkes Knie, linke Hand.
- Setzen Sie Schritt für Schritt und lassen Sie einen gleichmäßigen Takt entstehen. Spüren Sie, wie die Kraft der Beine sich wellenartig durch den Rumpf nach vorne in die Arme fortsetzt.
- Kontrollieren Sie, ob Ihr unterer Rücken und Ihr Nacken sich auf einer Höhe mit Ihrer Brustwirbelsäule befinden. Die beiden Lordosen (Innenwölbungen) der Halswirbelsäule und Lendenwirbelsäule stehen in Gefahr abzusinken (Hohlkreuz).
- Drehen Sie nun Ihren Schultergürtel nach rechts oder links und krabbeln Sie geradeaus weiter.
- Die Hände laufen nun tendenziell auf einer Linie. Ihre Rückenspannung hat sich nun geändert und Sie können zweierlei wahrnehmen:

  a) Das innere Knie nimmt mehr Last auf als vorher (das rechte Knie, wenn Sie den Schultergürtel nach rechts gedreht haben, das linke, wenn Sie ihn nach links gedreht haben).

  b) Ihr Rücken fühlt sich im Moment des Aufsetzens des inneren Knies kräftiger, stabiler an.
- Stehen Sie nun auf und gehen Sie geradeaus. Drehen Sie dabei den Schultergürtel abwechselnd nach links, geradeaus und nach rechts. Das Becken soll dabei in der Geradeausstellung bleiben!

Wenn Sie sich vor Beginn des Gehens mithilfe von Innehalten und ausrichtenden Gedanken aufgerichtet haben, werden Sie durch das Drehen des Schultergürtels eine Stabilisierung Ihres Rumpfes und Ihrer Aufrichtung erleben („Wachsen").

Steigen Sie mit dieser Erfahrung auf Ihr Pferd! Richten Sie sich aus, reiten Sie Schritt für Schritt und erleben Sie bewusst die Bewegungs- und Kraftwelle, die sich von den Hinterbeinen des Pferdes durch den Rumpf nach vorne fortsetzt.

Kommen Sie in dieser Bewegung zur Ruhe. Erst wenn Sie diese Bewegung spüren und genießen können, sollten Sie Schulterherein reiten!

Indem Sie Ihren eigenen Schultergürtel nach innen drehen, drehen Sie gleichzeitig die Schulter Ihres Pferdes mithilfe beider Zügel nach innen. Ihr äußerer Zügel hat dabei mehr die führende, Ihr innerer mehr die lösende Aufgabe. Lassen Sie Ihre Arme dazu locker am Oberkörper anliegen.

Achten Sie darauf, Ihr Becken nicht zu drehen, und reiten Sie geradeaus weiter, indem Sie Ihre Energie und Ihren Blick nach vorne schicken. Sollte Ihr Pferd nach innen ausweichen, so verstärken Sie minimal die Einwirkung Ihres inneren Sitzhöckers.

Wenn Ihr Pferd die Voraussetzung für diese Lektion erfüllt und Sie fließend in Ihrer Kräfteachse bleiben, können Sie Folgendes beobachten:

a) Ihr Pferd nimmt mit der inneren Hinterhand mehr Last auf, indem es deutlicher unter den Schwerpunkt tritt.

b) Sie spüren das Aufwölben des Pferderückens und den Kräftezugewinn Ihres Pferdes.

Verbeißen Sie sich nicht, wenn Sie Lektionen reiten. Je gelassener Sie bleiben, umso leichter wird sich der Erfolg einstellen. Genießen Sie den Kontakt mit Ihrem Pferd. Dann wird es fast gleichgültig sein, ob die Lektion klappt oder nicht. Paradoxerweise wird sie so viel schneller klappen.

Die Lektionen Schulterherein, Traversale, Piaffe oder Galopppirouette sind entwickelt worden, um die Kraft und Präzision des Pferdes zu schulen. Sie sind eine Art innerer Aufbaukurs für die dynamische Präsenz des Pferdes. Aus ihr entwickelt das Pferd Selbstbewusstsein, Gelassenheit und Ausstrahlung.

Die Gefahr scheint groß zu sein, hier die Form mit dem Inhalt zu verwechseln. Lektionen zu trainieren, weil sie spektakulär aussehen oder um als Reiter aufzusteigen, ist ein Weg, der nirgendwohin führt.

> Je gelassener Sie bleiben, umso leichter wird sich der Erfolg einstellen. Lassen Sie die Dinge sich von selbst entwickeln.

Wir leben in einer gesellschaftlichen Tradition, in der es als Qualität gilt, möglichst alle Situationen kontrollieren zu können. Im Umgang mit Pferden ist Vorsicht und Vorausschau und in diesem Sinn Kontrolle der Situation angemessen. Andererseits dürfen wir aber nicht vergessen, dass es um Zusammenarbeit geht, und diese erfordert Bereitschaft hierzu. Pferde signalisieren, was zu tun sie in der Lage sind und ob sie mit uns zu tun haben wollen. Die Zusammenar-

Sazu genießt ihr Pferdeleben.
(Foto: N. Künzel)

beit sollte sich idealerwise spielerisch gestalten und Pferd und Reiter Spaß machen. Wenn wir offen sind, können wir immer wieder beobachten, dass die Dinge sich wie von selbst entwickeln:

Sazu

Eine Stute, die uns nicht gehörte, hatte sich unseren Lehrpferden Wilka und Ambassador angeschlossen. Holten wir unsere Pferde, so wollte sie mit. So kam es, dass wir sie manchmal mitlaufen ließen, wenn wir unsere Pferde von der Weide in der Offenstall brachten.

In dieser Zeit waren wir auf der Suche nach einem weiteren Lehrpferd. Wir hatten keine großen Ansprüche. Es sollte lediglich freundlich sein, dazu neugierig und interessiert an der Arbeit und an der Begegnung mit neuen Schülern, kräftig und stabil, feinfühlig und doch nicht empfindlich, intelligent und leichtrittig.

Und natürlich bezahlbar. Aus irgendeinem Grund war so ein Pferd nicht aufzufinden.

Eine Reitschülerin von Sarah wollte sich ein eigenes Pferd zulegen. Die Stute aus dem Offenstall war mittlerweile zu verkaufen. Und da eine verantwortungsvolle Ausbilderin ihrer Schülerin manchmal beim Aussuchen eines Pferdes hilft, kam es, dass Sarah die Stute vorritt.

Sie – eine Mischung aus sturem Pony väterlicherseits und königlichem Knabstrupper mütterlicherseits – war leicht zügellahm und dazu noch Ekzemer. Die Reitschülerin entschied sich gegen den Kauf und Sarah meinte, ich solle mich doch einmal auf dieses Pferd setzen. Das tat ich. Sofort war klar: Wir hatten unser Lehrpferd gefunden! Oder genauer: Sazu hatte uns gefunden. Offenbar schon vor Monaten.

Vor und nach dem Reiten

6

Das Pferd berühren

Jedes Mal, bevor Sie sich auf Ihr Pferd setzen, sollten Sie es mit Ihren Händen berühren. Vor oder nach dem Putzen, dann kann mit der Zeit auch das Putzen die Qualität einer echten Berührung bekommen.

Ein Pferd zu berühren bedeutet als Erstes, es so zu akzeptieren, wie und wo es ist. Auf diese Weise kann ich mit meinen Händen in Kontakt mit dem Pferd kommen: Ich versuche nicht, das Pferd zu ändern oder ihm Gutes zu tun oder etwa es zu massieren. Ich gehe mit meinen Händen genau dort hin, wo das Pferd sich befindet. Ohne Schieben, Reiben, Klopfen.

Das ist nicht so leicht, wie es klingt. Normalerweise sind unsere Handbewegungen von einem subtilen Zusammenziehen der Rumpfmuskulatur begleitet. Die Anpassung der inneren Spannung an die äußeren Erfordernisse ist ungenau. Dies lässt sich zum Beispiel daran beobachten, wie Menschen eine Türklinke herunterdrücken oder eine Tür schließen. Der Kraftaufwand ist nur selten optimal angepasst.

Spüren Sie den Pferdeatem mit den Händen.

Ambassador genießt sichtlich den Kontakt mit Johannes.

Wenn es Ihnen nach einiger Zeit gelingt, im Moment der Berührung Blick und Atmung nicht zu stören, so haben Sie in diesem Moment die Qualität von Berührung erfahren, die Voraussetzung ist, um ein Pferd am Seidenfaden zu reiten.

Wenn Sie Ihr Pferd regelmäßig berühren, werden Sie ein Gespür für seinen Atem bekommen. Dieser gibt Ihnen Auskunft über die jeweilige Befindlichkeit Ihres Pferdes. Wenn Sie schon vor dem Reiten wissen, wie es Ihrem Pferd geht, so brauchen Sie sich beim Reiten nicht mehr zu wundern und schon gar nicht zu ärgern. Sie können darauf eingehen, was heute in der Begegnung mit Ihrem Pferd möglich und sinnvoll ist. Ihr festgefahrenes Programm erhält eine Alternative.

Darüber hinaus werden Sie feststellen, dass sich der Atem Ihres Pferdes mit der Zeit beruhigt, wenn Sie es berühren. Es kann dauern, bis Ihr Pferd auf Ihre Berührung anspricht, denn Pferde sind es nicht gewohnt, berührt zu werden, dafür umso mehr geklopft zu werden, getätschelt und geschlagen.

Um zu lernen, Ihre Hände genau dort hin zu bewegen, wo das Pferd sich befindet, und um genau dort ohne Veränderungsimpuls und Veränderungsabsicht anzukommen, gehen Sie folgendermaßen vor:

1. Finden Sie Ihre Achse mithilfe der erlernten Prinzipien.
2. Schauen Sie Ihr Pferd an.
3. Bewegen Sie Ihre Hände und Arme, ohne den Blickkontakt zu beeinträchtigen und ohne Ihre Atmung zu stören.
4. Legen Sie nun Ihre Hände auf das Pferd. Der Moment der Berührung ist der entscheidende. Bleibt Ihr Blick in diesem Moment ruhig oder flackert er?

Nehmen Sie sich Zeit, die Qualität Ihrer Berührungen zu erforschen.

Bodenarbeit

Manchmal wird die Frage gestellt: „Mein Pferd führt alle Lektionen korrekt aus; nur an der Trabverstärkung mangelt es; können Sie mir diesbezüglich einen Rat geben?" Nachdem ich den betreffenden Reitern eine Weile zugeschaut habe, fallen mir meistens die folgenden Dinge auf: Die Pferde bewegen sich schief oder ungleichmäßig, sind vielleicht im Rücken verspannt, zeigen verkürzte Tritte oder weisen einen Mangel an Durchlässigkeit und Schwung auf.

In all diesen Fällen fällt meine Antwort ähnlich aus: „Es tut mir Leid, ich kann Ihnen im Moment nicht weiterhelfen; Ihrem Pferd fehlen sämtliche Voraussetzungen für die Verstärkungen. Bemühen Sie sich zuerst um eine solide Grundausbildung, bevor Sie an die Verstärkungen überhaupt nur denken; der Trainingsbaum wird Ihnen dabei helfen. Dann tschüs – bis zum nächsten Frühjahr."

Kurd Albrecht v. Ziegner
in *Elemente der Ausbildung*

Es passiert leicht, dass Reiter ihren Ausbildungsstand falsch einschätzen. Von diesem Phänomen berichtet v. Ziegner in diesem Zitat. Der von ihm entwickelte Trainingsbaum ist die logische, systematische Methode, ein Pferd korrekt auszubilden.

Zu einer sinnvollen Grundausbildung gehört neben dem Reiten auch die Bodenarbeit. Diese ist nicht nur geeignet, uns wieder auf den Boden der Tatsachen zurückzuholen, sie ist – wohl verstanden – eine interessante und kreative Abwechslung in der Ausbildung und bietet viele neue Möglichkeiten, sein Pferd kennen zu lernen. Die Prinzipien der Alexander-Technik lassen sich selbstverständlich auf alle Bereiche der Bodenarbeit anwenden. Hierfür möchte ich drei Beispiele geben.

Das erste Beispiel betrifft das Führen des Pferdes:

Gehen Sie mit Ihrem Pferd am Führstrick in die möglichst leere Halle oder auf den Reitplatz. Richten Sie sich aus und führen Sie Ihr Pferd auf dem ersten Hufschlag. Gehen Sie innen neben dem Kopf Ihres Pferdes und stellen Sie Ihren Blick auf „gleitend".

Durch die Ausrichtung Ihres Blickes geht Ihre Aufmerksamkeit nach vorne und Sie geben, energetisch gesehen,

Wilka hat sich beim Führen angeschlossen und nimmt aktiv an der Bewegung teil.

Ihrem Pferd sowohl Raum als auch eine Richtung.

Während Sie immer weiter nach vorne sehen (Ihre Augen sehen die Halle auf Sie zu beziehungsweise vorbeigleiten), spüren Sie, wie das Pferd sich Ihnen mit der Zeit immer deutlicher anschließt. Nach einer Weile können Sie sich von der Energie Ihres Pferdes geradezu geschoben fühlen. Genießen Sie diese Ver-

Kassandra nutzt die feinen Impulse, um ihren Rücken zu längen.

bindung und wechseln Sie ab und zu die Hand.

Als zweites Beispiel wähle ich das Gehen am Schweif des Pferdes:

Bitten Sie einen Partner, das Pferd zu führen. Nehmen Sie den Schweif Ihres Pferdes (ich setze voraus, dass Sie hundertprozentig sicher sind, dass dieses Pferd nicht ausschlägt) und folgen Sie ihm. Es ist wichtig, dass Sie dabei etwas in die Knie gehen und weder Hände noch Arme steif machen!

Spüren Sie die wellenartige Bewegung, die durch den Pferderücken läuft, erfühlen Sie, wie die Bewegung der Hinterhand sich nach vorne ausbreitet.

Synchronisieren Sie Ihre Schritte mit den Hinterbeinen des Pferdes. (Sind Sie klein und Ihr Pferd groß, ist dies allerdings schwierig.)

Lassen Sie Ihren unteren Rücken lang und weit werden! Auf diese Weise können Sie Ihr Pferd unterstützen, sich in die Länge zu lösen.

Das dritte Beispiel betrifft das Führen des Pferdes mithilfe der beiden Zügelhände:

Wenn das Pferd sich Ihnen beim Führen wirklich anschließt, können Sie mithilfe Ihrer Zügel neben dem Pferd gehen. Diese Verbindung ist dem Reiten sehr nahe.

Für das Pferd ergibt sich der große Vorteil, dass der Rücken unbelastet

Das Schulterherein lässt sich an der Hand gut vorbereiten.

bleibt. Hier kann es seine Schub- und Tragkraft entwickeln, die ihm dann unter dem Reiter zur Verfügung steht. Diese Arbeit ist schon im Schritt sehr effektiv und ausbildungsfördernd.

Solange Ihre Hände noch nicht völlig ruhig sind, empfehle ich, mit einer gebisslosen Zäumung zu arbeiten.

Richten Sie sich aus und suchen Sie nach der gleichen Verbindung, die Sie beim bewussten Gehen mit dem Führstrick entwickelt haben. Erinnern Sie sich gleichzeitig an die Erfahrung des Nachfolgens am Schweif. Nach einiger Zeit des Suchens werden Sie wieder die Energie und Ausrichtung des Pferdes erleben, nur dass diese jetzt vor Ihnen weg nach vorne zeigt.

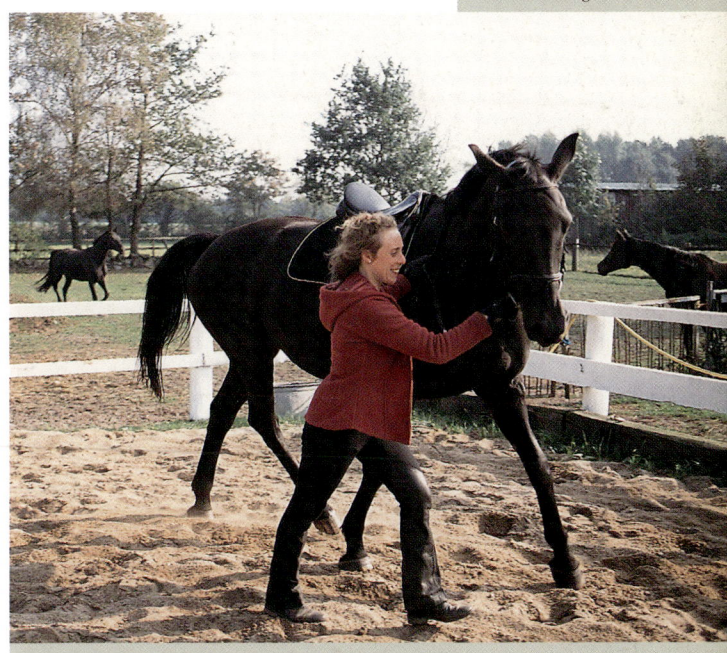

Kassandra zeigt das Herandehnen an den Zügel.

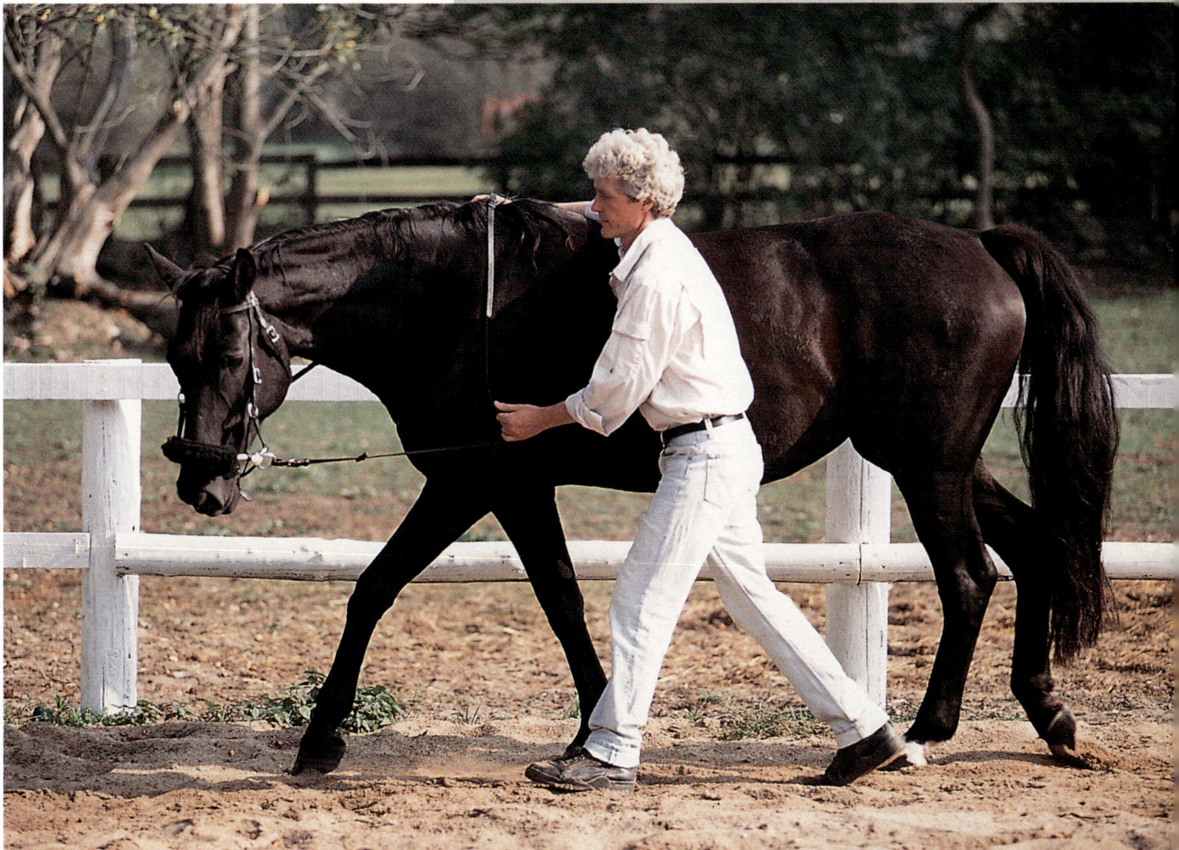

Das Aufsteigen auf eine Erhöhung tut Wilkas Rücken gut.

Wilka liebt das Kompliment. Fördern Sie die speziellen Begabungen Ihres Pferdes.

Arbeiten Sie präzise am Herandehnen des Pferdes an den Zügel. Ziehen Sie nicht am Zügel!

Finden Sie heraus, was Ihr Pferd gerne tut. Jedes Pferd hat besondere Interessen und Begabungen. Es gibt die unterschiedlichsten Möglichkeiten, sein Pferd zu fördern.

Pferdehaltung

Ich kam in einen Reitstall. Gleich in der ersten Außenbox stand ein schönes weißes Pferd, das wach und interessiert nach außen schaute. Jeweils nach kurzen Ruhepausen begann das Pferd wieder und wieder von einem Bein auf das andere zu treten und den Kopf dabei unablässig hin und her zu wiegen. Eine Pferdekennerin erklärte mir: „Das Pferd hat einen Schuss.“

Sie hat zweifellos Recht. Müsste ich 16 Stunden täglich in der Box stehen, hätte ich auch einen.

Die meisten Pferde wohnen heute noch in einer kleinen Schachtel, zirka drei mal drei mal drei Meter groß, genannt Box. Diese dürfen sie entweder für eine Stunde täglich verlassen, wenn der Besitzer kommt, um sie „zu arbeiten", oder sie dürfen „den ganzen Tag" nach draußen, und das heißt in der Regel vier bis sieben Stunden. Die restliche Zeit – immerhin rund 16 Stunden – stehen sie in ihrer Schachtel.

Von Oktober bis Anfang Mai stehen die Pferde in ihrer Auslaufzeit auf einem Paddock, der oft sehr matschig ist und auf dem es nichts zu knabbern gibt, auch kein Stroh. Das heißt, sie stehen und warten. Wenn sie Glück haben, kriegen sie keine Mauke, wenn doch, so bleiben sie in der Box.

Im Sommerhalbjahr haben sie mehr Chancen auf ein anständiges Pferdeleben. Sofern sie in einem fortschrittlichen Stall stehen, können sie jetzt länger auf die Weide, die in der Regel allerdings nur noch wenige Kräuter zu bieten hat. Die Weide ist oft stark gedüngt und dies ist für die Verdauung nicht eben förderlich.

Aus Gewohnheit gehen Pferde scheinbar gerne in ihre Box, besonders wenn das Futter darin schon wartet. Aber wer seinen Pferden das Leben auf der Weide und im Offenstall gezeigt hat, weiß, dass die meisten sich hierfür entscheiden würden, wenn sie die Wahl hätten.

Es ist widersprüchlich, dass Reiter von ihrem Pferd Beweglichkeit erwarten, ihm aber kaum die Möglichkeit bieten, diese harmonisch zu entwickeln. Tatsächlich verlangt der Bewegungsapparat des Pferdes, seine Sehnen, Muskeln und Bänder, ausgiebige Bewegung. Insofern ist die konventionelle Boxenhaltung für die Tiere ähnlich gesundheitsgefährdend, wie es eine ausschließlich sitzende Berufstätigkeit für uns Menschen ist. Die Qualität des Sitzens lässt sich zum Beispiel durch die Alexander-Technik verbessern, eine unnatürliche einseitige Lebensweise birgt jedoch immer ein erhebliches Gesundheitsrisiko.

Die ideale Haltung bestünde für die Mehrzahl der Pferde aus einer Kombination aus Offenstall und Weide, also auch Winterweide.

In einem Land wie Deutschland gibt es nicht so viele Weiden, wie die Pferde benötigten. Deshalb leben die Pferde heute in Reservaten. Der Mensch hat ihnen ihr Land abgenommen, zum Ausgleich dafür beschützt er die Pferde vor den wilden Autos. Gelänge es, die Autos zu dezimieren, so gäbe es auch wieder mehr Weideland. Aber dies ist wohl vorläufig noch Utopie, denn die Gattung der Autos ist sehr stark.

Zurzeit gibt es Offenställe in der Natur und Boxenställe mit Reithalle. Die Verbindung Offenstall mit Halle ist vorläufig noch sehr selten. Gerade in dieser Kombination aber liegt die Zukunft, da bin ich mir sicher.

Menschen wollen eine feinere Verbindung mit ihren Pferden aufbauen und Unterstützung dafür bietet eine Reithalle und ein guter Reitplatz.

Pferde wollen in der Herde leben und nicht in der Box. Viele von ihnen fangen dort an zu weben, zu koppen, gegen die Wände zu schlagen oder sogar aus der Box heraus zu beißen.

Andere zeigen in der Box keine Auffälligkeiten. Bedeutet dies, dass sie in ihrer Box zufrieden sind? Ich weiß es nicht. Erfunden wurde die Box jedenfalls nicht von Pferden. Sie sind soziale We-

*Wilka hat sich zu einem
stolzen, eleganten Pferd
entwickelt.*

sen, die Möglichkeiten brauchen, miteinander zu kommunizieren und sich zu begegnen. In einer Herde herrschen rege und komplexe Beziehungen, die zu beobachten faszinierend sein kann.

Wilka

Unsere Schimmelstute Wilka hatte es nicht leicht im letzten Winter. Als typischem Araber machte ihr die feuchte Kälte zu schaffen. Sie reagierte mehrmals mit Krampfkoliken und war dann jeweils für eine Weile sogar zu schwach, um zu fressen.

Eines Tages – zu Beginn des Frühlings – brauchte sie offensichtlich Ruhe und Erholung. Sie hatte sich mitten im Stall niedergelegt, was für sie als rangniederes Tier sehr ungewöhnlich war. Bald hatten sich auch Sazu und Ambassador, „ihre Familie", bei ihr im Stall eingefunden. Sie legten sich ebenfalls nieder – zur Rechten und zur Linken von Wilka, in die Nähe der Stallausgänge.

Von den zwölf anderen Pferden der Herde betrat keines den Stall. Sie blieben vor den Eingängen stehen. Nach über einer Stunde stand Wilka auf und mit ihr die beiden anderen. Die Sitzung war beendet.

In den kommenden Wochen stieg Wilka in der Rangordnung der Herde auf.

Die **Zukunft** der **Reitkunst**

7

Die heutige Dressurreiterei kann aus Sicht des Alexander-Technik-Lehrers kein großes Lob bekommen. Bilder von echter Harmonie zwischen Reiter und Pferd sind die Ausnahme. Reihenweise sieht man überspannte Pferde, die ihre Nase hinter die Stirn-Nasen-Linie krümmen. Der Unterschied zwischen Spannung durch einen weggedrückten Pferderücken und der Tragkraft eines frei schwingenden Rückens scheint vielen Reitern völlig unklar zu sein.

In den anderen Disziplinen schaut es nicht besser aus: Springreiter kurz vor dem Wiederaufsetzen nach dem Sprung sind oft Musterbeispiele für Verkrampfung. Beachten Sie die Angst in den Augen des Pferdes!

Achten Sie auf die Angst in den Augen des Pferdes.

Exzessiv gerittene Westernpferde sind durch die extreme Belastung der Gelenke in den Stopps und den engen Wendungen keineswegs zu beneiden.

Rennpferde werden in der Regel schon in frühen Jahren aus dem Rennsport wieder herausgenommen und haben oft trotzdem einen Schaden fürs Leben.

Pferde werden vielfach als Gebrauchsgüter angesehen und verwendet, die mit der ständigen Bedrohung leben müssen, bei Nichtfunktionieren vom Menschen im wörtlichen Sinne aufgegessen zu werden.

Es ist wirklich erstaunlich, wie viele Schwierigkeiten Pferde in ihrer Langmütigkeit und Sanftheit zu ertragen bereit sind. Allerdings – so möchte ich behaupten – können Menschen auf diesem Wege des Umgangs mit Tieren vielleicht Erfolg, aber keine Erfüllung finden.

Das Pferd als Gegenüber des Menschen, das einen gleichwertigen Ausdruck des Lebens darstellt, wird zum Partner, zum Spiegel, zum Lehrer, ja vielleicht zum Freund und Berater.

Die Sprache der Pferde will studiert und erlernt sein. Auf diesem Wege lernen Menschen ihre unbewusste Widersprüchlichkeit kennen und können die eigenen Doppelbotschaften erkennen und die daraus folgende Verwirrung des Pferdes.

Pferde, denen Menschen unklar begegnen, machen bis zu einem gewissen Grade trotzdem mit. Aber wieder und wieder stoßen Reiter und Pferd auf Barrieren in der Entwicklung. Diese sind in ihrer Essenz Kommunikationsbarrieren. In diesem essenziellen Sinn bezieht sich der Begriff Kommunikation auf die Stimme, auf die Körpersprache, auf den Körperkontakt („die Hilfen"), auf emotionalen und mentalen Kontakt. All diese Ebenen wollen in Balance zueinander entwickelt werden. Auftretende Probleme können als Wegweiser im Entwicklungsprozess von Reiter und Pferd gesehen und verstanden werden.

Es scheint mir so zu sein, dass immer mehr Menschen den Wunsch haben, mit den Pferden in einen tieferen Kontakt zu treten, um das Dogma von der menschlichen Überlegenheit zu überprüfen.

In der westlichen Welt gibt es keine traditionelle Kunst- oder Schulungsform, die das menschliche Potenzial systematisch und ausgewogen befördert. So ist zum Beispiel der Unterricht an den staatlichen Musikhochschulen einseitig auf musikalisch-technische Perfektion ausgerichtet, die seelische und physische Entwicklung der Studenten findet wenig Unterstützung.

Einzelne Menschen in unserer Gesellschaft mögen es schaffen, ein hohes Niveau an menschlicher oder künstlerischer Entwicklung zu erlangen. Die offiziellen Ausbildungsgänge führen vorläufig noch nicht zu befriedigenden Ergebnissen.

Der Zustand der institutionalisierten Kunst lässt uns die Unausgewogenheit erkennen, die in unserer Lebenskultur vorherrscht. So gibt es unter Orchestermusikern einen deutlich überproportionalen Prozentsatz an Frühpensionären und einen überproportionalen Prozentsatz an Rücken-, Nacken- und Schultererkrankungen (dies im öffentlich geförderten Berufsstand der Vertreter der „schönen Künste"!).

Aus dem allgemein menschlichen Bedürfnis nach ausgewogener, alle Erlebensebenen ansprechender Entwicklung entstand das große Interesse des Westens an fernöstlichen Schulungswegen wie Yoga, Ayurveda, Qi Gong, Zen, Judo oder Aikido, um nur einige wenige zu nennen.

Nun gibt es in unserem eigenen Kulturkreis hoch entwickelte Künste, die aber in Gefahr sind, durch das hohe Niveau an allgemein akzeptiertem Stress verloren zu gehen. Eine von ihnen ist die klassische Reitkunst, die durch viele Generationen von Reitern entwickelt und verfeinert wurde.

Die unbewussten Stressfaktoren aufzuzeigen, sodass Reiter und Pferd systematisch und kreativ in höhere Bewusstseinsebenen aufsteigen können, ist Aufgabe der Alexander-Technik und anderer Methoden, die das Potenzial haben, durch unbewusstes Handeln erzeugte Blockaden zu erkennen und zu lösen.

Auf diese Weise könnte der westlichen Welt ein großer Schulungsweg menschlicher Kultur erschlossen werden. Oder sollten wir besser von einem menschlich-tierischen kulturellen Gemeinschaftsprojekt sprechen? Schon heute arbeiten Pferde als Ko-Therapeuten in der Reittherapie. Ihre Mitwirkung geht weit über die von gutmütigen Lastenträgern hinaus.

In der tiergestützten Pädagogik und Therapie eröffnen sich neue Horizonte.

Wenn es bisher so war, dass wir uns der Tiere bemächtigt haben, sie oft ausgebeutet haben und dies immer noch tun, beginnt nun ein neues Abenteuer. Wir beginnen zu verstehen, dass Tiere uns auf unterschiedlichste Weise helfen können, dass sie keineswegs dumm sind und dass wir mit ihnen telepathisch

Jonathan genießt den Kontakt mit seinem Pony. (Foto: J. Pritzkat)

*Unsere Lehrpferde Wilka,
Ambassador und Sazu*

kommunizieren können. Dieses Wissen auf das Reiten angewandt zeigt phantastische Ergebnisse:

Vorgedachte Bahnfiguren werden von Pferden viel leichter gelaufen. Pferde müssen auf der Weide nicht lange gesucht und gerufen werden, wenn der innere Kontakt klar ist. Die Möglichkeiten sind unbegrenzt.

Als ich vor Jahren einem meiner Studenten erzählte, dass ich Pferden Alexander-Technik-Unterricht gäbe, gab er zu bedenken, dass die Alexander-Technik mithilfe von sprachlichen Direktiven unterrichtet würde und dass Pferde diese gedanklichen Anweisungen und Ausrichtungen nicht verstehen könnten. Ich versicherte ihm: Sie können!

Ich wünsche Ihnen viel Erfolg auf Ihrem Weg mit der Alexander-Technik! Es ist nicht leicht, ihre Prinzipien umzusetzen, denn jahre- und jahrzehntelange Gewohnheiten bieten unseren Veränderungswünschen Widerstand. Sie lernen dabei jedoch, einen Universalschlüssel anzuwenden, der Ihnen nicht nur Zugang zur Kunst des Reitens eröffnet, sondern auch zur Kunst des Lebens.

Anhang

8

Unterrichtsadressen

Alexander-Technik-Lehrer, die gleichzeitig Reittrainer sind, gibt es weltweit vorläufig noch kaum. Seit Januar 2001 gibt es einen dreieinhalbjährigen Ausbildungsgang in Reinbek bei Hamburg mit dem Ziel dieser doppelten Qualifikation. Diese Ausbildung findet an vier Tagen pro Woche statt (15 Wochenstunden), davon einmal wöchentlich im Reitstall.

Nähere Informationen über diese Ausbildung erhalten Sie von:

Schule für Alexander-Technik
und Reiten
Walter Tschaikowski
Bergstraße 1
D-21465 Reinbek

Wenn Sie sich für Privatunterricht interessieren, so empfehle ich Ihnen, Stunden bei einem Lehrer oder einer Lehrerin der Alexander-Technik zu nehmen. Dort lernen Sie, die Prinzipien der Alexander-Technik zu verstehen und körperlich zu verwirklichen. Dies ist ohne Pferd möglich und sinnvoll.

Adressen von Lehrerinnen und Lehrern der Alexander-Technik im deutschsprachigen Raum erhalten Sie von folgenden Gesellschaften:

G.L.A.T. – Gesellschaft der Lehrer/innen der F. M. Alexander-Technik e.V.
Postfach 53 12
D-79020 Freiburg
Tel./Fax: 0761 383357
E-Mail: glat-freiburg@t-online.de
Internet: www.alexander-technik.org

SVLAT
Schweizerischer Verband der Lehrerinnen und Lehrer der F. M. Alexander-Technik
Postfach
CH-8032 Zürich
Tel.: +41 1 2010343
E-Mail: info@svlat.ch
Internet: www.alexandertechnik.ch

Adressen weltweit erhalten Sie über die Internetadresse der Affiliated Societies of Teachers of the Alexander Technique, dem Verbund von 14 nationalen Gesellschaften der Alexander-Technik: www.alexandertechniqueworldwide.com

Eine Anerkennung von der G.L.A.T. oder einem anderen Mitgliedsverband der Affiliated Societies of Teachers of the Alexander Technique garantiert eine mindestens dreijährige Berufsausbildung unter hohen Qualitätsstandards.

Um Unterstützung im Anwenden der Prinzipien der Alexander-Technik auf dem Pferd zu erhalten, können Sie unsere Seminare Alexander-Technik und Reiten besuchen. Seminardaten und Beschreibung erhalten Sie über unsere Schule.

Literaturverzeichnis

Folgende Bücher behandeln das Thema Alexander-Technik und Reiten:

Bentley, Joni:
Reiten ohne Stress und Angst.
Lüneburg: Cadmos, 1999.

Tottle, Sally A.:
Reiten mit Körpergefühl.
Müller Rüschlikon, 2001.

Diese Bücher sind von der Alexander-Technik beeinflusst:

Swift, Sally:
Reiten aus der Körpermitte.
Band 1 und 2.
Müller Rüschlikon, 2000.

Wanless, Mary:
Die Wanless-Methode.
Müller Rüschlikon, 1998.

Die folgenden Bücher stehen dem Geist der Alexander-Technik nahe:

Barbier, Dominique/Daniels, Mary:
Perfekt Dressur Reiten.
Müller Rüschlikon. 2001.

Binding, Rudolf G.:
Reitvorschrift für eine Geliebte.
Hildesheim: Olms, 2001.

de Kunffy, Charles:
Ethik im Dressursport.
Stuttgart: Franckh-Kosmos, 1997.

Oliveira, Nuno:
Sämtliche Schriften.
Band 3: Notizen zum Unterricht.
Hildesheim: Olms, 1998.

Dieses Buch ist unbedingt zu empfehlen:

Ziegner, Kurd Albrecht von:
Elemente der Ausbildung.
Lüneburg: Cadmos, 1998.

Ferner im Text erwähnt:

Bach, Wilfried:
Das Tao des Reitens.
Stuttgart: Franckh-Kosmos, 1998.

Laar, Clemens:
Meines Vaters Pferde.
Hameln: Niemeyer, 1989.

Podhajsky, Alois:
Die klassische Reitkunst.
Stuttgart: Franckh-Kosmos, 1998.